Collection dirigée

CW01064458

L'Espoir

André Malraux

- **des repères pour situer l'auteur, ses écrits, l'œuvre étudiée**

- **une analyse de l'œuvre sous forme de résumés et de commentaires**

- **une synthèse littéraire thématique**

- **des jugements critiques, des sujets de travaux, une bibliographie**

Jean-Claude Larrat

Maître de conférences
à l'Université Grenoble III

Sommaire

© Éditions Nathan 1996, 9, rue Méchain – 75014 Paris
ISBN 2-09-180796-X

La vie d'André Malraux

ENFANCE ET ADOLESCENCE

Né en 1901 à Paris, André Malraux, après la séparation de ses parents, en 1905, vivra avec sa grand-mère, sa mère et sa tante dans la petite épicerie qu'elles tenaient en banlieue, mais restera en bons termes avec son père. Après avoir obtenu le certificat d'études primaires – qui restera son seul diplôme – il entreprend des études secondaires, qu'il abandonne en 1918. Passionné de littérature et de livres rares, il devient le collaborateur d'un libraire-éditeur, René-Louis Doyon, qui lui permet d'entrer en contact avec les poètes et artistes de l'avant-garde pré-surréaliste : Max Jacob, André Salmon, etc. Après un premier article sur la poésie cubiste, Malraux écrit lui-même des récits « cubistes », dont le plus important, *Lunes en papier*, illustré par Fernand Léger, est publié en 1921 par le célèbre marchand de tableaux et éditeur Kahnweiler. La même année, André Malraux épouse Clara Goldschmidt, avec laquelle il voyage dans toute l'Europe.

AVENTURES ET LITTÉRATURE

Après deux ans de voyages et de spéculations boursières hardies, le couple est ruiné. En aventurier se refusant à travailler, Malraux organise alors une expédition pour s'emparer de quelques statues de grande valeur dans un temple oublié au fond de la jungle cambodgienne. Arrêté sur le chemin du retour et traîné devant les tribunaux, il est finalement acquitté. Le couple revient en Indochine en 1925 pour fonder un journal où Malraux dénonce avec virulence, une année durant, les abus et exactions de l'administration coloniale.

Revenu en France au début de 1926, Malraux, qui fait alors figure de spécialiste de l'Extrême-Orient, s'impose sur la scène littéraire avec *La Tentation de l'Occident* et, surtout,

3

Les Conquérants (1928). Ce roman, remarqué par Trotski (qui lui consacre, en 1931, un long article), lui vaut aussi la sympathie de quelques représentants de l'extrême gauche française, bientôt déçus, cependant, par *La Voie royale*, d'où les thèmes révolutionnaires sont absents. Entre 1929 et 1931, André et Clara Malraux font plusieurs voyages en Orient ; le dernier est un tour du monde, qui les conduit en Chine, au Japon, aux États-Unis...

L'ENGAGEMENT : LA GUERRE D'ESPAGNE

En 1933, avec *La Condition humaine*, où il revient au cadre et aux thèmes des *Conquérants*, Malraux signe son entrée chez Gallimard et obtient le prix Goncourt. C'est aussi l'année où Hitler s'installe au pouvoir en Allemagne. Malraux commence alors à militer activement dans les organisations antifascistes ; il se rend, en 1934, au premier Congrès des écrivains soviétiques à Moscou, publie, en 1935, *Le Temps du mépris*, qui révèle l'enfer des prisons nazies, et va jusqu'à déclarer que, si une guerre éclatait, sa place serait « dans les rangs de l'Armée rouge »... Cela ne l'empêche pas de se laisser tenter encore par les démons de l'aventure : il part reconnaître en avion, en mars 1934, le site de Mareb, la capitale légendaire de la reine de Saba.

Après la victoire du Front populaire en France, en avril 1936, Malraux, qui comptait plusieurs amis très proches parmi ses dirigeants, se rend, en mai, à Madrid, où il se déclare prêt à participer à « la lutte prochaine et inévitable » entre le fascisme et les démocraties. Au retour, il prononce à Marseille un discours « émaillé, dit un témoin, de tableaux émouvants de la révolte asturienne » et fait preuve, plus généralement, d'un véritable engouement pour l'anarcho-syndicalisme espagnol.

Le deuxième voyage de Malraux en Espagne, du 25 au 27 juillet 1936, est celui d'un envoyé officieux des membres du gouvernement français partisans d'une aide à l'Espagne républicaine. Dès leur retour, André et Clara Malraux entreprennent d'acheter des avions pour le compte du gouvernement espagnol et de recruter des pilotes, à qui ils proposent des contrats de mercenaires. La plupart des avions, trouvés ici ou là, sont anciens et nullement équipés pour la guerre.

Le 8 août 1936, Malraux est à Barajas, aérodrome de Madrid. Il a obtenu l'autorisation de former et de commander une escadrille de combattants étrangers, baptisée *España* ; il est à la disposition du gouvernement de Madrid, qui lui donne le grade de *coronel* et délègue auprès de lui deux techniciens militaires ainsi qu'un capitaine, chargé de coordonner les missions de l'escadrille avec le reste de l'aviation militaire espagnole et le ministère de l'Air.

L'escadrille aura plusieurs lieux de séjour successifs près de Madrid, puis de Valence (La Señera). Son organisation semble avoir été assez chaotique et fantaisiste – Malraux n'ayant jamais essayé d'y instaurer une discipline militaire. Il y eut des plaintes sur l'indiscipline des mercenaires, en ville comme au combat (ils mitraillèrent un jour des miliciens anarchistes aperçus au moment où ils allaient fusiller leurs prisonniers), le mauvais entretien du matériel, etc. À l'hôtel Florida de Madrid, où les aviateurs furent d'abord logés, côtoyant journalistes et écrivains du monde entier, régnait un désordre peu propice aux exigences de la vie militaire en temps de guerre.

Il y eut donc, dans la réalité, une reprise en main analogue à celle que le roman évoque, vers le milieu du mois de novembre 1936. On remercia les mercenaires et on imita (en apparence) le mode d'organisation des Brigades internationales en donnant à l'escadrille un commissaire politique (Paul Nothomb, alias Attignies) et le nom d'un militant antifasciste célèbre : « André Malraux ». Vers le milieu du mois de février 1937, l'escadrille fut dissoute ; le peu qu'il en restait fut intégré dans l'aviation militaire républicaine.

La première mission importante de l'escadrille fut bien le bombardement de la colonne Yagüe entre Merida et Medellin ; le récit fait dans *L'Espoir* peut cependant s'inspirer aussi d'une autre mission de bombardement de la même colonne, entre Talavera et Tolède, à laquelle Malraux participa personnellement. D'autres missions suivirent, jusqu'à la fin du mois d'octobre. Le bombardement d'un champ d'aviation clandestin, avec l'aide d'un paysan, eut lieu en réalité le 1er septembre dans la province de Valladolid ; la chute de l'avion dans la sierra a été inspirée à Malraux par un autre épisode : le 27 décembre 1936, un Potez, attaqué par des Heinkel (allemands) s'écrasa dans les montagnes, près de Mora de Rubielos, sur le front de Teruel. Malraux a donc condensé ces deux épisodes en un seul et choisi une troisième date (mars 1937) afin d'imbriquer cet événement, porteur d'un espoir de renaissance, dans le récit de la bataille de Guadalajara (mais en mars 1937, l'escadrille n'existait plus). La dernière mission fut le raid sur Malaga, le 11 février 1937, en tout point conforme, semble-t-il, au récit qui en est fait dans le roman.

À la fin du mois de février 1937, Malraux arrive aux États-Unis afin de plaider la cause de la République espagnole et de collecter des fonds pour les hôpitaux. Les conférences qu'il donne sont émaillées d'anecdotes ou de scènes qui semblent être des ébauches de celles qu'il écrivait dès alors pour son roman. En juillet 1937, il retourne à Madrid pour participer au deuxième congrès des écrivains antifascistes.

Malraux réfléchissait depuis longtemps à l'art du cinéma. En 1938, le gouvernement espagnol lui ouvre des crédits pour la réalisation d'un film qui servira la cause de la République. Le scénario du film, dont le tournage a lieu à Barcelone, puis dans la région de Tarragone et dans la sierra de Montserrat, diffère sensiblement du texte du roman (publié en décembre 1937), mais relève de la même inspiration. Le film, intitulé *Sierra de Teruel*, ne put être achevé. Son inspiration générale lui valut d'être interdit au public après la signature du pacte germano-soviétique ; il y en eut cependant une projection privée, à Paris, en 1939.

LA RÉSISTANCE ET LE GAULLISME

À la déclaration de guerre, en 1939, Malraux s'engage volontairement comme simple soldat dans l'armée française. Il est fait prisonnier avec son unité en 1940, s'évade et s'installe, en compagnie de Josette Clotis, dans une villa de la Côte d'Azur prêtée par des amis. Il met alors en chantier plusieurs ouvrages mais ne publie rien en France durant toute la période de l'occupation allemande. Entré dans la clandestinité en 1944 sous le nom de « colonel Berger », il est blessé et arrêté par les Allemands qui l'emprisonnent à Toulouse. Après la libération de la ville, il se voit confier le commandement de la brigade « Alsace-Lorraine », qui joue un rôle décisif dans la reconquête de l'est de la France (1944-1945).

En 1945, Malraux s'oppose vivement aux prétentions des communistes à représenter toute la Résistance. Il devient le ministre de l'Information du général de Gaulle lors du bref passage au pouvoir de ce dernier (1945-1946), puis « délégué à la propagande » dans le mouvement politique gaulliste, le Rassemblement du peuple français. Il publie alors de nombreux articles politiques dans *Le Rassemblement*, mais développe aussi, à travers articles et conférences, une ample réflexion sur l'art qui trouvera un premier aboutissement dans *Les Voix du silence* (1951). Après un voyage en Égypte et en Perse, en 1952, il se consacre, jusqu'en 1957, à la composition des trois tomes du *Musée imaginaire de la sculpture mondiale* et à *La Métamorphose des dieux*.

MALRAUX, « HOMME DE L'HISTOIRE »

Revenu au pouvoir en 1958, le général de Gaulle nomme Malraux ministre d'État chargé des Affaires culturelles. Il le restera jusqu'en 1969, date du départ du général de Gaulle. Malraux commencera par représenter la France dans le monde entier, prononçant de nombreux discours, accordant de nombreuses interviews. Au ministère de la Culture, où il se montra toujours soucieux de préserver la liberté des créateurs, son action fut partagée entre des opérations spectaculaires ou prestigieuses, et un effort pour rendre accessibles à tous les plus grandes œuvres d'art, ce pourquoi il créa les maisons de la culture. En 1965, il entreprend, « sur ordre des médecins », le voyage longuement évoqué dans les *Antimémoires*.

Dans les dernières années de sa vie, Malraux est encore honoré et sollicité pour son expérience d'« homme de l'Histoire » : il enregistre, pour la télévision, *La Légende du siècle* ; il est reçu et consulté par le président des États-Unis, par la présidente indienne Indira Gandhi, par le Premier ministre du Japon et l'empereur Hiro-Hito… Mais il reprend aussi son activité d'écrivain, de théoricien de l'art et de critique littéraire : les titres les plus marquants sont alors *Les Chênes qu'on abat* (dialogue imaginaire avec le général de Gaulle), *Lazare* (étonnante tentative pour fixer par l'écriture une certaine expérience de la mort), *L'Irréel et L'Intemporel* (suites de *La Métamorphose des dieux*) et *L'Homme précaire et la littérature* (esquisse – inachevée – d'une vraie théorie de la littérature). Malraux meurt le 23 novembre 1976 d'une congestion pulmonaire ; un hommage national solennel lui est rendu dans la Cour carrée du Louvre.

VIE ET ŒUVRE D'ANDRÉ MALRAUX	ÉVÉNEMENTS POLITIQUES, SOCIAUX ET CULTURELS
1901 Naissance d'André Malraux, à Paris.	
	1913 Proust, *Du côté de chez Swann*.
	1914 → **1918** Première Guerre mondiale.
	1917 Révolution russe.
	1918 Tzara, *Manifeste Dada*.
1921 *Lunes en papier*. Mariage avec Clara Goldschmidt.	
1922 Publication d'une première « note » dans la NRF. Voyages en Tunisie, Grèce...	**1922** Mussolini prend le pouvoir en Italie. James Joyce, *Ulysse*.
1923 Départ pour le Cambodge.	
1924 Accusé d'avoir dérobé les statues du temple de Bantéaï-Srey. Procès. Pourvoi en cassation. Rentre en France.	**1924** Borodine organise le Kuomintang en Chine. Breton, *Manifeste du surréalisme*.
1925 Retour à Saigon. Écrit dans *L'Indochine*. Regagne la France en décembre.	**1925** Grève générale à Canton et Hong-Kong. Gide, *Les Faux-Monnayeurs*. Eisenstein, *Le Cuirassé Potemkine*.
1926 *La Tentation de l'Occident*.	**1926** Bernanos, *Sous le soleil de Satan*. T.E. Lawrence, *Les Sept piliers de la sagesse*.
1927 *D'une jeunesse européenne*.	**1927** Insurrections communistes à Shanghai.
1928 *Les Conquérants. Royaume farfelu*.	**1928** Dos Passos, *Manhattan Transfer*.
1929 Crée, chez Gallimard, la collection des « Mémoires révélateurs ».	**1929** Début de la grande « dépression » économique.
1930 *La Voie royale*. Voyage en Perse et en Turquie.	**1930** Sternberg, *L'Ange bleu*.
1931 Controverse avec Trotski sur *Les Conquérants*. Voyage en Orient, Chine, Japon, États-Unis.	**1931** Spengler, *Le Déclin de l'Occident*. Faulkner, *Sanctuaire*.

REPERES

VIE ET ŒUVRE D'ANDRÉ MALRAUX	ÉVÉNEMENTS POLITIQUES, SOCIAUX ET CULTURELS
1932 Préface *L'Amant de lady Chatterley*.	**1932** Bergson, *Les Deux sources de la morale et de la religion*. Céline, *Voyage au bout de la nuit*.
1933 Engagement antifasciste. Naissance de sa fille Florence. *La Condition humaine*. Préface *Sanctuaire*.	**1933** Hitler, chancelier du Reich. Arrestation des communistes Thaëlmann et Dimitrov.
1934 Avec Gide, demande, à Berlin, la libération de Dimitrov. Survol de la « capitale de la reine de Saba ». Discours au Congrès des écrivains, à Moscou.	**1934** Affaire Staviski ; manifestations violentes de février (à Paris). Aragon, *Les Cloches de Bâle*.
1935 *Le Temps du mépris*. Préface *Indochine S.O.S.* (recueil d'articles de la journaliste communiste A. Viollis).	**1935** Accord franco-soviétique. Lois racistes de Nuremberg. Début des purges staliniennes.
1936 Discours : « Sur l'héritage culturel ». Crée, en Espagne, une escadrille internationale et participe aux premiers combats.	**1936** Victoire électorale des Fronts populaires (France et Espagne). Gide, *Retour d'URSS* (dénonciation du stalinisme).
1937 Conférences en Amérique. *L'Espoir*.	**1937** Affrontements sanglants, en mai, entre anarchistes et communistes, à Barcelone notamment.
1938 Tourne *Sierra de Teruel*. Écrit « Laclos ».	**1938** Accords de Munich. Sartre, *La Nausée*.
1939 S'engage comme simple soldat.	**1939** Victoire franquiste. Pacte germano-soviétique. Déclaration de guerre à l'Allemagne.
1940 Prisonnier à Sens ; s'évade et s'installe en zone libre (en compagnie de Josette Clotis).	**1940** Capitulation de l'armée française. Pleins pouvoirs au maréchal Pétain. De Gaulle à Londres.
	1941 Hitler envahit l'URSS. Le Japon attaque Pearl Harbour.
	1942 Camus, *L'Étranger*. *Le Mythe de Sisyphe*.
1943 *Les Noyers de l'Altenburg*. Établit ses premiers contacts avec la Résistance.	**1943** Défaite allemande à Stalingrad. Débarquement allié en Sicile. Sartre, *L'Être et le Néant*.

VIE ET ŒUVRE D'ANDRÉ MALRAUX	ÉVÉNEMENTS POLITIQUES, SOCIAUX ET CULTURELS
1944 Maquisard FFI. Arrêté par les Allemands. Commande, la brigade « Alsace-Lorraine ».	**1944** Débarquement en Normandie. Libération de Paris. Camus dirige *Combat*.
1945 Ministre de l'Information de De Gaulle.	**1945** Capitulation allemande. Aragon, *La Diane française*.
1946 Discours à l'UNESCO : « L'Homme et la culture artistique ». Publie *Esquisse d'une psychologie du cinéma*.	**1946** De Gaulle quitte le pouvoir. Début de la guerre d'Indochine.
1947 Délégué à la propagande du RPF (gaulliste). *Le Musée imaginaire*.	**1947** Le PCF quitte le gouvernement. Camus, *La Peste*.
1948 Postface aux *Conquérants*. *La Psychologie de l'art* (2e partie).	**1948** Début de la « guerre froide ». George Orwell, *1984*.
1949 Collabore à *Liberté de l'esprit*. *La Psychologie de l'art* (3e partie).	**1949** Les communistes sont au pouvoir en Chine. Simone de Beauvoir, *Le Deuxième sexe*.
1950 *Saturne (Essai sur Goya)*.	**1950** Ionesco, *La Cantatrice chauve*.
1951 *Les Voix du silence*.	**1951** Camus, *L'Homme révolté*.
1952 *Le Musée imaginaire de la sculpture mondiale* (t. I).	**1952** Nasser au pouvoir en Égypte. Steinbeck, *À l'est d'Éden*.
1954 *Le Musée imaginaire de la sculpture mondiale* (t. II).	**1954** Fin de la guerre d'Indochine. Début de la guerre d'Algérie.
1955 *Le Musée imaginaire de la sculpture mondiale* (t. III).	**1955** Conférence de Bandung. Lévi-Strauss, *Tristes tropiques*.
1957 *La Métamorphose des dieux* (t. I).	
1958 Ministre. Discours politiques.	**1958** Pouvoirs spéciaux au général de Gaulle. Ve République.
1960 Discours sur l'indépendance des colonies d'Afrique noire.	**1960** Claude Simon, *La Route des Flandres*.
1962 Discours sur le patrimoine artistique de la France.	**1962** Indépendance de l'Algérie. Crise de Cuba.

REPERES

VIE ET ŒUVRE D'ANDRÉ MALRAUX	ÉVÉNEMENTS POLITIQUES, SOCIAUX ET CULTURELS
1964 Inaugure la première maison de la culture. Oraison funèbre de Jean Moulin.	**1964** La France reconnaît la Chine populaire. Sartre, *Les Mots*.
1965 Le voyage des *Antimémoires*.	**1965** Réélection de De Gaulle.
1967 *Antimémoires*.	**1967** Guerre des Six Jours.
1968 Voyage officiel en URSS.	**1968** Mouvements de mai. « Printemps de Prague ».
1969 Quitte le gouvernement.	**1969** Départ du général de Gaulle. Élection de Pompidou.
1970 *Le Triangle noir*.	**1970** Mort du général de Gaulle.
1971 *Les Chênes qu'on abat.* *La Légende du siècle* (émission de télévision).	**1971** Guerre au Bengale oriental (futur Bangladesh).
1972 Hospitalisé à Paris.	**1972** Programme commun PS / PCF.
1973 Préface *Les Cahiers de la petite dame* (sur Gide).	**1973** Guerre israélo-arabe. Premier choc pétrolier.
1974 *La Tête d'obsidienne.* *Lazare.* *L'Irréel.*	**1974** Mort de Pompidou. Élection de V. Giscard d'Estaing. Soljenitsyne, *L'Archipel du Goulag*.
1975 *Hôtes de passage.* Préface la correspondance Jean Guéhenno / Romain Rolland. Visite aux peintres naïfs d'Haïti.	**1975** Victoire communiste au Vietnam.
1976 *Le Miroir des limbes.* *L'Intemporel.* Meurt le 23 novembre.	**1976** Mort de Mao Tsê-Tung.
1977 *L'Homme précaire et la littérature.* *Le Surnaturel.*	

L'œuvre littéraire
d'André Malraux

DES DÉBUTS FARFELUS

Lors de ses débuts sur la scène littéraire parisienne, en 1920, Malraux partage le mépris de ses contemporains pour le genre romanesque. Il cherche sa voie du côté d'une poésie moderne qui ne se qualifie pas encore elle-même de « surréaliste », mais prétend cependant se dégager de l'influence des symbolistes du siècle précédent. Malraux trouve chez Max Jacob, Reverdy, Cendrars, Salmon, le modèle d'une poésie guidée par une esthétique de l'humour froid et désincarné, de la surprise, de la fantaisie sophistiquée ou provocante, qui n'est pas sans rapport avec « l'art abstrait « des peintres d'alors : c'est le ton « farfelu », auquel il ne renoncera jamais tout à fait par la suite. Les titres des « proses cubistes « qu'il écrit dans les années 1920 sont révélateurs : *Lunes en papier*, *Écrit pour une idole à trompe*, *Journal d'un pompier du jeu de massacre*, *Les Hérissons apprivoisés*...

LA CONQUÊTE DU ROMANESQUE

L'aventure indochinoise, en l'éloignant de la frivolité parisienne des Années folles, a rendu à Malraux le souci – particulièrement angoissé – de la réalité historique et sociale. Les romans d'aventures exotiques que son premier éditeur (Grasset) attendait de lui, sont en réalité porteurs d'un sentiment tragique de l'histoire (*La Tentation de l'Occident*, *Les Conquérants*) et d'une angoisse métaphysique (*La Voie royale* et même *Royaume farfelu*) très modernes, qui leur valurent l'attention, souvent passionnée, des plus grands intellectuels de l'époque, philosophes, écrivains, mais aussi hommes de l'histoire, comme Trotski. Les lecteurs des années 1930, et particulièrement les plus jeunes, y reconnurent la voix même de leurs interrogations et de leur sentiment de l'existence. C'est dire que Malraux, loin de se contenter d'exploiter des thèmes à la mode, inaugurait une véritable écriture romanesque moderne.

VERS UNE POÉTIQUE DU ROMAN MODERNE

L'attribution du prix Goncourt à *La Condition humaine*, roman qui doit beaucoup à un effort de « réécriture » des *Conquérants* (par la diversification des personnages, l'abandon de la narration à la première personne du singulier, mais aussi par l'infléchissement de la thématique politique et philosophique vers des valeurs universelles), fut la consécration de ce succès. *Le Temps du mépris*, publié en 1935, ne fut pas seulement une contribution à la lutte antifasciste en Europe ; c'était aussi le fruit d'une réflexion (résumée dans la préface) sur l'esthétique du roman moderne, et notamment sur la simplification épique qui, en donnant au roman son plein pouvoir de conviction (plutôt que de séduction), en fait une œuvre d'art. Cette réflexion, qui fait aussi une part à l'art du montage emprunté au cinéma et qui propose d'effacer les frontières entre le roman et les grands reportages, est celle qui conduit à l'esthétique mise en œuvre dans *L'Espoir*.

UN ADIEU À LA LITTÉRATURE ?

Les espoirs placés par Malraux dans cette esthétique romanesque étaient cependant trop étroitement liés aux espoirs révolutionnaires des années 1930 pour pouvoir survivre à l'anéantissement de ceux-ci par le pacte germano-soviétique (un des révélateurs, parmi beaucoup d'autres, de l'essence du stalinisme) et par la guerre. *Les Noyers de l'Altenburg*, publié en Suisse pendant la guerre, n'est plus, malgré quelques grandes scènes romanesques, un véritable roman ; Malraux retrouve alors la pente de l'essai philosophique, qui était déjà celle de *La Tentation de l'Occident*.

Cet « adieu au roman » que paraît être *L'Espoir* était-il un adieu à la littérature ? Au milieu de la réflexion sur les arts plastiques qui l'occupera après-guerre, Malraux renouera avec elle par la critique et la théorie littéraires (plus ou moins mêlées à la réflexion sur l'art), mais aussi par des œuvres atypiques comme les *Antimémoires* (mémoires d'un écrivain dont la vie a pour principaux repères les titres de ses grandes œuvres, à l'exception notable de *L'Espoir*), *Les Chênes qu'on abat* ou *Lazare*, qui n'appartiennent plus à la sphère de la fiction romanesque.

Sommaire de *L'Espoir*

Le roman est une vaste fresque des huit premiers mois de la guerre d'Espagne.

La menace que la rébellion des franquistes fait peser sur les grandes villes du pays est d'abord l'occasion d'une grande mobilisation populaire, vécue dans l'exaltation de la fraternité. Le roman présente cette « Apocalypse de la fraternité » nà travers quelques grandes scènes : levée en masse du peuple de Madrid, anarchistes barcelonais et gardes civils unis dans un même assaut contre les troupes rebelles, prise de la caserne de la Montaña à Madrid, attaque des batteries fascistes par les paysans dans la sierra... De leur côté, les aviateurs internationaux réunis autour de Magnin bombardent avec succès une colonne mécanisée montant vers Tolède et Madrid. Ces scènes d'action sont jalonnées de scènes de discussions intenses (Puig et Ximénès, Shade et Lopez, Manuel et Barca, etc.), mais aussi de scènes contemplées et méditées par un personnage clé : scènes d'hôpital (Manuel à l'hôpital San Carlos), scènes d'exécutions sommaires (Manuel et les miliciens de la sierra), etc., qui éclairent certains aspects de la guerre.

Une deuxième grande partie est consacrée presque entièrement à l'échec des miliciens républicains devant l'Alcazar de Tolède, où s'étaient retranchés, avec des otages, les nationalistes commandés par le colonel Moscardo. Cet épisode est présenté à travers le personnage du capitaine républicain Hernandez : bien qu'exaspéré par les enfantillages des miliciens anarchistes, il tient à respecter les grands principes d'une morale chevaleresque et assume, pour cela, le risque de la défaite ; lorsqu'elle se produit, il meurt courageusement, en martyr de ses principes. Outre un long débat politico-philosophique où s'affrontent, au musée de Santa-Cruz, les diverses tendances du camp républicain, les principaux moments de réflexion opposent ici Hernandez à d'autres responsables plus soucieux que lui d'efficacité militaire : Garcia, puis Manuel, devenu l'élève du commandant communiste

Heinrich. Les scènes de combat nous entraînent, quant à elles, des souterrains infernaux de l'Alcazar au ciel immaculé de Tolède, en passant par les barricades théâtrales du quartier de la cathédrale.

Vient ensuite la reprise en main des opérations par les « réalistes » qui tentent d'instaurer dans le camp républicain une discipline militaire. Manuel arrête et organise les fuyards de Tolède, Magnin chasse de son escadrille les fantaisistes sans idéal, les Brigades internationales se forment à Albacete, Garcia et les communistes organisent la défense de Madrid. Certains craignent cependant que cette efficacité ne soit au prix d'un oubli de l'essentiel : l'écrivain catholique Guernico confie à Garcia ses craintes de voir la vie spirituelle définitivement méprisée et Alvear, le vieux sage, exprime, devant Scali, les mêmes angoisses pour la vie culturelle et artistique. La partie suivante nous montre Madrid écrasée sous les bombes, ainsi que les féroces combats de la Cité universitaire et du parc de l'Ouest. Les souffrances de la population civile, l'abnégation des sauveteurs, le spectacle fascinant de la ville en feu sont les thèmes d'un premier volet. Un second volet, moins important, est consacré à la bataille victorieuse livrée par Manuel, promu commandant, à Guadarrama (bataille de la route de La Corogne).

La troisième et dernière partie comporte une évocation épique de la grande bataille de Guadalajara (11-18 mars 1937), mais elle met aussi en scène la fraternisation des aviateurs internationaux et des paysans espagnols : Attignies et son équipage, blessés dans leur avion abattu au bord de la route de Malaga, sont recueillis par la foule en exode qu'ils venaient de protéger en bombardant des colonnes motorisées qui la poursuivaient ; s'embarquant volontairement dans l'avion de Magnin, un paysan permet de neutraliser un champ d'aviation ennemi ; enfin, les aviateurs morts ou blessés, perdus dans la montagne enneigée, sont retrouvés et ramenés par un cortège de paysans qui les entourent d'un respect quasi religieux. Le livre se termine cependant par un long monologue intérieur de Manuel, repris par le goût d'une musique oubliée : il constate avec perplexité les métamorphoses que la guerre a opérées en lui et en vient à méditer, non sur la fin de l'Histoire, mais sur « l'infinie possibilité du destin ».

Les personnages

Attignies : Belge, communiste convaincu dont le père est, dans son pays, un dirigeant du parti fasciste, il devient, lors de la réorganisation de l'escadrille, commissaire politique, mais n'a guère d'occasion d'exercer son autorité. Il est le type du combattant idéaliste, l'exact contraire des mercenaires de l'escadrille. Son modèle fut, dans la réalité, Paul Nothomb (alias Julien Segnaire), proche collaborateur de Malraux dans l'escadrille *España*.

Barca : rabassaire*, il est, pour Manuel, le porte-parole des aspirations à la dignité qui ont engagé les paysans dans la guerre. On retrouve dans le discours des paysans anonymes rencontrés par Manuel et Ximénès le même refus insistant de l'humiliation.

Garcia : ethnologue à « l'air rigoleur et cordial » et aux « oreilles pointues », devenu « chef des Renseignements militaires ». Il inspire à tous – y compris aux paysans et aux anarchistes – une sympathie immédiate et attire de nombreuses confidences.

Guernico : écrivain catholique dont le modèle semble avoir été l'ami de Malraux, José Bergamin. Résolument engagé dans le camp républicain, il y exprime les très fragiles espoirs qu'un chrétien sincère peut nourrir pour l'après-guerre.

Hernandez : officier de carrière resté fidèle au gouvernement républicain, il incarne, dans le roman, les tragiques difficultés de la collaboration avec des miliciens foncièrement antimilitaristes aussi bien qu'avec des communistes trop inféodés à leur parti. Il donne l'exemple d'un idéalisme lucide et pessimiste, en payant de sa vie son refus du déshonneur et de l'injustice.

Leclerc : mercenaire recruté à prix d'or pour ses compétences de pilote, il incarne toute la dangereuse fantaisie d'un individualisme anarchisant, sans parti, sans discipline, sans idéal. Son portrait est particulièrement développé dans l'épisode de son affrontement avec Magnin (cf. *Être et faire*).

Le Négus (Sils, dit) : anarchiste de la FAI* et du syndicat des transports de Barcelone. Fils de rabassaires chassés de leurs terres, il s'est distingué, bien avant 1936, par des actions spectaculaires lors des grandes grèves de la compagnie des tramways. Il est le principal porte-parole, dans le roman, des idées anarchistes. Sa disparition, à la fin de *Sang de gauche*, reste assez mystérieuse.

Lopez : peintre et sculpteur, il combat, dès le premier jour, aux côtés des miliciens de l'UGT*. Il développe devant Shade la théorie d'un grand art populaire, unanime et spontané. Il incarne ensuite le personnage de l'artiste peu adapté aux nécessités de la guerre, mais plaçant ses ultimes espoirs dans la survie des œuvres d'art.

Magnin : Français, ingénieur dans l'aviation, il se dit « socialiste » de tendance « gauche révolutionnaire » et ne cache pas la sympathie que lui inspirent les acteurs de l'« Apocalypse* de la fraternité ». Malgré ses responsabilités de chef de l'escadrille des *Pélicans*, il reste jusqu'au bout fidèle à l'idéal de fraternité. Pour ce personnage, Malraux s'est évidemment inspiré de sa propre expérience.

Manuel : jeune madrilène au tempérament artiste (il est ingénieur du son dans un studio de cinéma), il devient l'un des principaux officiers du 5e régiment, organisé par les communistes pour servir de modèle à l'armée républicaine. Il est le fidèle reflet d'un personnage réel : le musicien et compositeur Gustavo Duran.

Mercery : Français, capitaine de pompiers, venu en Espagne par idéalisme. Il se ridiculise lorsqu'il se prend pour un stratège, mais son courage et sa générosité, qui le rapprochent des anarchistes, lui valent une sympathie générale. Il meurt dans son meilleur rôle, en luttant contre les incendies de Madrid.

Moreno : officier républicain, ami de Hernandez, ayant échappé aux franquistes alors qu'il était emprisonné et menacé d'exécution. Habité par un désespoir proche du nihilisme, il est tenté de fuir, mais finit par chercher dans la guerre une sorte de fraternité mystique.

Pepe et Gonzalès : ils sont les représentants des mineurs asturiens qui commencent par revivre la grande révolte « romantique » des Asturies, en en chantant les hauts faits, avant de s'engager dans une action disciplinée et efficace.

Puig : anarchiste qui ne fait pas partie des chefs de la FAI, mais a organisé aux côtés de Durruti (personnage historique), l'aide aux enfants de Saragosse durant la grande grève du printemps 1934. Il est, dans le roman, l'interlocuteur de Ximénès et meurt dans une action-suicide typiquement anarchiste.

Scali : Italien, spécialiste d'histoire de l'art, venu combattre en Espagne le même fascisme que celui qui triomphe alors en Italie. Il craint que l'instauration d'une discipline militaire ne favorise dans le camp républicain l'émergence de « guerriers » identiques à ceux du camp adverse. Il partage avec le vieil Alvear le souci de rester fidèle aux valeurs de civilisation qui lui paraissent menacées par l'âge des partis totalitaires qui s'annonce en Europe.

Shade : journaliste américain, auquel Malraux attribue des articles et des constats qui furent, au moins pour partie, ceux du journaliste français Louis Delaprée. Il est chargé, dans le roman, de porter un regard objectif, ou du moins journalistique, sur les événements. Sa présence signale également l'importance prise, dans cette guerre, par l'opinion internationale.

Siry, Kogan, Maringaud : ils incarnent tous trois (non sans quelque idéalisation naïve, épique) les jeunes volontaires, à la fois disciplinés et enthousiastes, des Brigades internationales.

Ximénès : colonel de la *Guardia Civil* de Barcelone, il reste fidèle au gouvernement républicain et joue un rôle décisif dans l'échec de Goded à Barcelone. Chef militaire exemplaire et catholique convaincu, il reste, tout au long du roman, un modèle paternel pour Manuel, en contrepoint de son modèle communiste. Malraux s'est inspiré pour Ximénès d'un personnage réel : le colonel Escobar.

Résumés et commentaires

(Les numéros de pages renvoient à l'édition « Folio », Gallimard.)

PREMIÈRE PARTIE

« L'ILLUSION LYRIQUE »

I. *L'illusion lyrique* (pp. 11 à 140)

Première séquence :
chapitres I à IV (pp. 11 à 63)

RÉSUMÉ

Le 18 juillet 1936, les garnisons favorables à l'armée rebelle se soulèvent dans toute l'Espagne. Dans la nuit du 18 au 19, le gouvernement de la République réplique en mettant des armes à la disposition des organisations ouvrières, qui les distribuent à leurs militants. Des camions chargés de fusils sillonnent Madrid, au milieu des clameurs et des chants. À la gare du Nord, deux dirigeants syndicaux, Ramos et Manuel, tentent de faire le point sur les progrès de l'insurrection militaire en téléphonant à toutes les gares : les fascistes se rapprochent de Madrid.

À Barcelone, au matin du 19 juillet, les troupes mutinées marchent sur le centre. Des groupes d'anarchistes, conduits, les uns par Sils, dit « le Négus », les autres par Puig, tentent de les en empêcher. L'affrontement décisif a lieu sur la place de Catalogne, face à l'hôtel Colon, où les rebelles se sont réfugiés. Tandis que les anarchistes, impuissants face aux mitrailleuses, parviennent à neutraliser deux canons par des actions-suicides, l'hôtel est pris par les gardes civils* , dirigés par le colonel Ximénès, qui marche seul sous le feu ennemi, au milieu de la place. Avant de mourir dans une ultime action-suicide, Puig, l'anarchiste, rencontre le catholique Ximénès : les deux hommes confrontent leurs conceptions du courage et de la dignité humaine, alors que dans tout Barcelone on commence à incendier les églises.

Le 20 juillet, les miliciens républicains de Madrid, à l'aide d'un bélier moyenâgeux et d'un canon mal dirigé, lancent un assaut héroïque contre la caserne de la Montagne, où se sont retranchés des officiers rebelles. Jaime Alvear participe à ce grand élan d'enthousiasme fraternel que n'arrête pas la mort des premiers miliciens tués dans les combats.

À la terrasse d'un grand café de Madrid, le sculpteur Lopez et le journaliste américain Shade contemplent la grande « kermesse de liberté » d'un peuple qui semble découvrir enfin sa vraie vie. De cette renaissance, Lopez dit attendre un art révolutionnaire spontané, un grand style unanime qui donnera son identité au mouvement populaire. Ce quatrième et dernier chapitre de la première séquence se clôt sur le spectacle des camions remplis de miliciens montant vers la Sierra, au nord de Madrid, dans un concert de « *Salud !* ».

COMMENTAIRE

Un début de roman : la mise en action d'une écriture

Après un bref rappel historique qui prend appui sur le vécu d'un moment particulier (« Un chahut de camions chargés de fusils couvrait Madrid tendue dans la nuit d'été »), le lecteur est invité à épouser le point de vue de deux personnages unis dans la même angoisse : Ramos et Manuel. **Tout concourt alors à impliquer le lecteur dans la scène, à la lui rendre présente**. Les échanges téléphoniques, rapportés au style direct avec toute leur violence crue, font coïncider le temps de la narration et le temps de l'histoire. Les informations sont apportées telles que les personnages les découvrent, sans être reprises par un narrateur, et les personnages eux-mêmes restent longtemps sans en faire la synthèse : il faut attendre la cinquième page pour que Manuel tente de faire un point général de la situation.

Les deux protagonistes, réduits à quelques traits, quelques gestes, ne font guère écran à une action qui tend à les absorber tout entiers : c'est à peine si l'on entrevoit, par les yeux de ses camarades, « la gueule de jovial gangster frisé de Ramos ». À Ramos, simplement autoritaire, jovial et décidé, finit cependant par être opposé un portrait de Manuel un peu plus autonome et plus détaillé ; c'est un jeune bourgeois « au vague style montparnassien », encore très attaché à sa « bagnole-à-skis ».

Ainsi est mise en place (ou en action) une écriture romanesque qui s'attachera, tout au long du roman, à **privilégier les situations par rapport à l'individualité psychologique des personnages**, à leur vie intérieure et personnelle, à leur portrait moral. C'est une écriture conçue pour **mettre en valeur le *geste*** (dans le sens où l'on parle de « la beauté du *geste* ») appelé par une situation et constituant, avec elle et par elle, une scène mémorable.

Naissance d'un personnage collectif

La situation de Madrid est ici celle d'une ville menacée d'encerclement et cette menace, présentée du point de vue des victimes potentielles, définit l'atmosphère tragique qui préside aux préparatifs guerriers. C'est alors qu'apparaît une deuxième grande fonction assignée à l'écriture du roman : **l'évocation** (plutôt que la construction) **d'un personnage collectif**. C'est encore la situation qui appelle ce personnage à se former : **le peuple de Madrid**, sous la menace, se mobilise, toutes tendances politiques et syndicales confondues, et s'arme pour résister à un ennemi qui marche contre lui comme pour l'étouffer. Cette mobilisation est, à proprement parler, la naissance de ce peuple, qui se découvre et se reconnaît lui-même comme capable d'action, unifié et identifié par l'exceptionnelle **fraternité** du moment : « cette nuit de guerre semblait une immense libération » pour cette foule à qui les armes distribuées donnent un rôle, une identité guerrière, épique. Ce peuple de Madrid n'a pas de représentant attitré parmi les personnages du roman ; il est fait de ces clameurs, de ces chants, de ces annonces par haut-parleur, de ces paroles anonymes, de ces « *Salud !* » qu'entendent Manuel et Ramos, autour d'eux d'abord, puis en parcourant la ville en auto. La révélation de ce personnage collectif, qui est aussi dans le mouvement désordonné des véhicules sillonnant la capitale en tous sens, est l'une des fonctions romanesques de cette « promenade », l'autre étant de permettre à la première métamorphose de Manuel de s'opérer. En perdant, dans l'accident, sa « bagnole-à-skis », Manuel perd sa première identité de bourgeois dilettante, il se fond dans le peuple fraternel de la ville. À cet accident de voiture qui est le signal de sa métamorphose, vont répondre, dans le chapitre suivant, les actions-suicides des anarchistes, qui s'inscriront plus dans le temps de l'exemplarité que dans celui de la transformation « progressiste » de Manuel.

Un deuxième début de roman ?

Malgré l'enchaînement de la fin du chapitre I (un haut-parleur annonce que « les troupes mutinées marchent sur le centre de Barcelone »), le chapitre II fait office de deuxième début du roman. C'est, en effet, à Barcelone, une autre situation (les troupes mutinées sont dans la ville) qui suscite d'autres acteurs, **les anarchistes** qui, loin de se mobiliser pour la première fois, ont le sentiment, après s'être armés eux-mêmes par une action de commando, de revivre leurs combats passés. La part de récit classique – narration au passé simple des combats de rue – est sensiblement plus grande que dans le chapitre I, mais, comme dans le chapitre I, **la présentation des faits l'emporte sur l'intérêt porté aux personnages**, malgré le développement des portraits biographiques de Puig et du Négus. Comme dans le chapitre I, enfin, tout est vu à travers le regard des personnages – ce qui est l'une des constantes les plus affirmées du roman.

Ce n'est pas le combat qu'ils mènent alors à Barcelone qui révèle les anarchistes à eux-mêmes, leur identité est historiquement affirmée depuis longtemps. Il était logique de les incarner principalement dans des personnages assez fortement individualisés – Puig et le Négus – car la conception anarchiste de l'action révolutionnaire fait une place privilégiée à **l'action individuelle exemplaire** ; c'est autour de quelques-unes de ces actions que se cristallise le récit des combats, et Ximénès, représentant du vieil honneur militaire espagnol, rejoint tout naturellement les anarchistes dans cette **tradition du geste héroïque**.

L'absence de personnage collectif n'empêche pas l'apparition du **thème de la fraternité** : il est ici exprimé par la rencontre et la fraternisation de deux individus symboliques. Puig et Ximénès ne pouvaient ignorer qu'ils étaient déjà unis dans la « patrie du courage » ; ils découvrent ici qu'ils sont aussi unis dans le sacrifice de leur vie à la lutte contre le fascisme. C'est là une autre écriture de la fraternité qui, dans la suite du roman, se mêlera à la précédente.

Un autre grand modèle du roman apparaît dans ce chapitre : **la discussion politico-philosophique** succédant à la bataille, dans le répit incertain que laisse la victoire. La fraternisation dans l'action et le respect mutuel des deux « héros » n'enlèvent presque rien, ici, à la force des contradictions entre leurs deux visions du monde ; elles continuent de s'opposer tragiquement – les lueurs des incendies d'églises, en fond de décor, le rappelant bien mieux que les timides arguments de Ximénès, dont la fonction semble plutôt être, ici, de permettre à Puig de présenter au lecteur du roman les idées anarchistes. À « l'espoir » que fait naître la fraternisation dans l'héroïsme épique s'oppose donc encore l'angoisse tragique des humiliations et des haines.

Le personnage collectif : du geste au style

Au chapitre III, le peuple de Madrid que nous avions vu naître dans le désordre et la confusion, traverse son épreuve du feu en s'emparant de la caserne de la Montaña, véritable Bastille madrilène. Tandis qu'à l'enquête téléphonique angoissée de Ramos succèdent de rassurantes nouvelles clamées en public par les haut-parleurs, le personnage collectif entre à son tour dans le récit d'un combat, apporte la preuve qu'il en est un digne acteur, et que la victoire des forces populaires ne passe donc pas forcément par l'alternative observée à Barcelone, entre la stricte discipline militaire (Ximénès et ses gardes civils) et l'action exemplaire du sacrifice individuel (Puig et les anarchistes), mais peut être atteinte par une action authentiquement fraternelle et collective. Le geste collectif, le mouvement unanime, qui unissent les combattants autour du bélier comme autour du canon – geste dont Lopez et Jaime Alvear sont à la fois témoins et acteurs, et dont ils représenteront l'esprit dans la suite du roman – sont exactement la forme prise par le peuple en armes, le peuple combattant, la forme qui lui donne son unité et fixe son identité mythique. « À chaque obus, le canon, qui n'était pas fixé, reculait rageusement, et les miliciens de Lopez, leurs bras nus tendus aux rayons de ses roues comme dans les gravures de la Révolution française, le ramenaient en place tant bien que mal. » **Le peuple de Madrid rejoint ainsi dans le mythe le Peuple de Michelet, le peuple de la Révolution française**. De ce peuple que le français Magnin croit reconnaître, qu'il admire en tout cas, et pour lequel il est venu se battre, Garcia parlera sur un ton fort désabusé, dans le dernier chapitre de « L'illusion lyrique » : « Mon cher monsieur Magnin, nous sommes soutenus et empoisonnés à la fois par deux ou trois mythes assez dangereux. D'abord les Français : le Peuple – avec une majuscule – a fait la Révolution française. Soit. De ce que cent piques peuvent vaincre de mauvais mousquets, il ne suit pas que cent fusils de chasse puissent vaincre un bon avion. »

On ne sera pas étonné que l'artiste soit plus sensible que le stratège à ce mouvement, à cette « enfance » d'un peuple en train de prendre forme dans l'univers des mythes ; c'est son regard qui saisit le mieux son élan, tout ce qui, en lui, mérite de prendre place dans la mémoire des hommes, tout ce qui, peut-être, lui donne une âme. Lopez, dans le discours passionné qu'il tient à Shade, rêve d'un **grand art populaire**, spontanément unanime et dépourvu de toute directive étatique comme de toute théorie esthétique *a priori*, mais qui finira par avoir la **puissance des grands arts sacrés**. Cet art trouvera de lui-même le « style » par lequel il entrera dans le temps de ce que Malraux appellera, dans *Les Voix du silence*, la métamorphose.

Deuxième (pp. 65 à 108) et troisième (pp. 109 à 140) séquences

RÉSUMÉ

La deuxième séquence croise des scènes qui se déroulent sur le champ d'aviation de Madrid (chapitres I et III) avec des scènes de combat dans la Sierra (chapitres II, IV et V). Les premières présentent les pilotes de l'escadrille internationale unis dans la même angoisse, attendant le retour d'un avion, puis accueillant leurs camarades blessés, puis (au chapitre III) à l'entraînement. La diversité de leurs origines et de leurs personnalités n'empêche pas une fraternité qui reste cependant plus professionnelle et technique qu'idéologique. De leur groupe se détachent quelques figures pittoresques (Leclerc) ou attachantes (Marcelino), le portrait le plus élaboré étant déjà celui de leur chef, Magnin.

Les scènes de la Sierra nous montrent Manuel au milieu des paysans partant, dans une exaltation désordonnée, à l'attaque des batteries fascistes qui pilonnent leur village. Aidés par un train blindé que dirige Ramos et par une attaque des *asaltos*, les paysans, guidés par Manuel et Barca, qui paye son courage d'une grave blessure, parviendront à empêcher les troupes rebelles d'opérer leur percée. Quelques jours plus tard, dans un autre village, Manuel et ses miliciens capturent par hasard des gardes civils rebelles, dont la voiture s'est égarée. Après un procès et un jugement sommaires, ces gardes sont exécutés dans un climat de haine qui laisse Manuel perplexe. La séquence se clôt par une conversation entre Manuel et Ramos : l'expérience des premiers affrontements a déjà modifié la personnalité de Manuel ; une figure de chef militaire commence de se dessiner en lui.

Manuel, devenu commandant de compagnie dans l'armée républicaine, va rendre visite à Barca, hospitalisé à San Carlos avec les premiers grands blessés de la guerre. La lutte pour la dignité vaut-elle d'accepter des souffrances aussi inhumaines ? Barca persiste à le penser.

La fin de la séquence (chapitres II et III) est consacrée de nouveau aux aviateurs. L'escadrille bombarde avec succès une colonne progressant vers Medellin. Une fois rentré au champ d'aviation, Magnin, tirant la leçon d'un bref affrontement avec des avions allemands, s'aperçoit que « pendant deux ans, l'Europe avait reculé devant la constante menace d'une guerre qu'Hitler eût été techniquement incapable d'entreprendre... ». Enfin, une discussion entre Magnin, Vargas, directeur des opérations au ministère et Garcia, chef des Renseignements militaires, met en évidence les caractères de la guerre qui s'annonce. C'est Garcia qui conclut sur le thème de « l'Apocalypse de la fraternité » : elle a réussi à faire échouer le *pronunciamiento** en mobilisant toutes les énergies populaires contre un ennemi commun, mais si les républicains veulent être vainqueurs dans une guerre qui s'annonce très moderne et technique, ils devront « organiser l'Apocalypse ».

L'Espoir n'en finit pas de commencer. C'est seulement dans le premier chapitre de la deuxième séquence de « L'illusion lyrique », que nous découvrons les aviateurs, leur action et leur point de vue sur la guerre ; quant aux scènes de combat dans la Sierra, elles nous font, certes, retrouver Ramos et Manuel, mais dans des rôles bien différents de ceux dans lesquels nous les avions observés à Madrid.

Dans le ciel...

L'atmosphère du premier chapitre de la séquence n'est pas sans rappeler celle du premier chapitre du livre. Comme dans ce chapitre, le temps de la narration tend à suivre fidèlement celui de l'histoire, du vécu des aviateurs attendant avec angoisse leurs camarades partis au combat. **La présence du narrateur est cependant plus affirmée** ; elle paraît nécessaire pour peindre sans erreur de point de vue ces hommes d'origines très diverses et qui, dès ce moment, apparaissent moins unis par une grande cause que par le type de combat qu'il mènent, avec ses moyens (les avions), ses techniques, ses contraintes et ses dangers propres. Le **rôle de Magnin** apparaît alors dans toute son importance et toute sa complexité. Amené en Espagne par ses convictions politiques de « socialiste de gauche », il est très sensible à toute « l'Apocalypse de la fraternité » de Madrid et avoue sincèrement à Garcia et à Vargas trouver là le sens profond de son engagement. Il pourrait donc être celui qui donnerait à la brigade internationale la même âme que celle qui, lui semble-t-il, est en train d'unir tout un peuple dans une croisade contre le fascisme. L'espoir placé en Magnin est d'autant plus grand que ce « socialiste de gauche » est aussi un ingénieur, représentant la technique moderne, assurant au peuple espagnol la maîtrise des armes dont il a besoin pour remporter effectivement la victoire. Encore faudrait-il, cependant, que Magnin sache user de ces armes en maintenant dans les combats l'esprit chevaleresque et épique sans lequel le mouvement populaire ne serait plus rien.

Les chapitres de « L'illusion lyrique » préfigurent, en ces domaines, ce qui apparaîtra plus loin comme un relatif échec : Magnin parvient, certes, à établir des relations de confiance et de sympathie entre lui-même et chacun de ses hommes (ou presque), mais il ne parvient pas à donner une identité commune à des êtres aussi différents entre eux que Scali, House, Schreiner, Marcelino, Karlitch, etc. Malgré la solidarité physiquement ressentie par les aviateurs lorsque leurs appareils s'élancent ensemble dans le ciel, l'épreuve du feu ne peut être vécue dans la même chaleureuse fraternité que celle qu'ont connue les miliciens de Madrid. D'autre part – et surtout –, **l'affrontement avec l'ennemi perd, dans les missions de bombardement, toute la rude et claire simplicité du combat épique**. C'est ce qu'illustrent bien les scrupules de Sembrano, lorsqu'il bombarde la colonne franquiste sur la route de Medellin : « Demeuré pacifiste dans son cœur, il bombardait avec plus d'efficacité qu'aucun pilote espagnol ; simplement, pour calmer ses scrupules, quand il bombardait seul, il bombardait très bas : le danger qu'il courait, qu'il s'ingéniait à courir, résolvait ses problèmes éthiques. »

...et sur la terre

Manuel et Ramos restent sur la terre, et nous font découvrir d'autres acteurs essentiels de cette guerre d'Espagne : **les paysans**. Avec eux, deux thèmes se mettent en place : celui de la **dignité personnelle** et, plus discrètement, celui, plus politique, de la **petite propriété agricole**. Le premier est longuement développé par Barca au cours de sa conversation avec Manuel, à l'hôpital San Carlos : « [...] Pour tout dire, voilà : je veux pas qu'on me dédaigne. [...] Ça, c'est la chose. Le reste, c'est autour. Pour l'argent, t'as raison : j'aurais peut-être pu m'arranger avec eux [*les grands propriétaires qui « choisissent » leur famille contre l'humanité, dira plus loin Barca*]. Mais ils veulent qu'on les respecte, et moi je veux pas les respecter. Parce qu'ils sont pas respectables. [...]. » Le **thème de la fraternité** resurgit alors, avec une nouvelle résonance, différente de celle que lui avaient donnée les miliciens de Madrid, puis les combattants de Barcelone, et enfin les aviateurs : « Et voilà ce que je veux te dire : le contraire de ça, l'humiliation, comme il [*Garcia*] dit, c'est pas l'égalité. Ils ont compris quand même quelque chose, les Français, avec leur connerie d'inscription sur les mairies : parce que le contraire d'être vexé, c'est la fraternité. » Ce n'est plus alors la fraternité des combats, ou d'un mouvement révolutionnaire, c'est la **fraternité** de tous ceux qui ne veulent pas être « vexés », **des humbles**, **des pauvres**, obstinée et durable comme la condition paysanne elle-même.

La question de la propriété des terres opposa, dès le début de la guerre civile, les anarchistes, partisans de la collectivisation immédiate des terres confisquées, et les paysans favorables à la constitution de petites propriétés familiales, soutenus par les socialistes et les communistes. Malraux, dans *L'Espoir*, ne l'aborde pas directement, mais il choisit pour premier porte-parole des paysans espagnols un de ces anciens vignerons expulsés, les rabassaires*, qui étaient les partisans les plus convaincus de la petite propriété individuelle, et les plus opposés, sur ce point, aux anarchistes. On ne saurait dire que le romancier prend à son compte la thèse des rabassaires, mais il passe sous silence l'autre thèse et, surtout, suggère que ce désir de posséder personnellement la terre que l'on cultive s'accorde parfaitement avec **l'exigence de dignité individuelle**, dont il fait l'un des traits les plus profonds de toute la petite paysannerie.

L'épreuve du feu des paysans suit le même schéma que celle des anarchistes de Barcelone : mêmes attaques désordonnées et même succès final grâce à l'aide apportée par des forces entraînées et disciplinées (le train blindé, les *asaltos* ou gardes d'assaut*), et grâce à l'acceptation de se plier au modèle ainsi fourni. Mais il n'y a, chez les paysans, rien de comparable aux actions-suicides des anarchistes, non plus qu'à l'héroïsme aristocratique d'un Ximénès. Ils ignorent, non la violence, mais le goût du *geste*, la valeur d'entraînement donnée aux apparences ; ce qui l'emporte, chez eux, c'est une fierté étroitement accordée à l'esprit de résistance et une intransigeante fermeté qui pousse leur haine jusqu'aux plus inquiétantes extrémités. Manuel s'en effraie lorsqu'il se trouve face au spectacle des phalangistes fusillés, au pied d'un mur où un jeune paysan a écrit en lettres de sang : « MEURE LE FASCISME ». Mais à la violence extrême mise à défendre leur dignité, ils joignent une patience extrême dans les souffrances qu'ils sont prêts à endurer pour cette même cause : c'est le sens des réflexions de Barca devant Manuel, au milieu des hurlements inhumains des blessés de l'hôpital San Carlos...

Garcia et la fin de « l'illusion lyrique »

La première apparition de Garcia sur la scène est réservée
à Magnin, qui accède ainsi au rang des quelques grandes
consciences tragiques discernant déjà les lointains arrêts du
destin. Il faut cependant remarquer que Garcia était connu de
Barca qui, dans son discours sur la dignité et la fraternité à
l'hôpital San Carlos, en avait déjà parlé avec admiration à
Manuel. D'emblée cet étrange et bien invraisemblable personnage est donc placé en situation de **médiateur** entre les deux
forces apparemment les plus éloignées l'une de l'autre, dans
le camp républicain : **les paysans espagnols réalistes et les
aviateurs internationaux de Magnin, idéalistes**. Dans les
deux cas il se distingue par une étonnante capacité de com-
préhension et de sympathie, qu'il ne cessera de manifester tout
au long du roman. Symboliquement, **il incarne l'unité du
camp républicain**, mais son utilité proprement romanesque
est aussi évidente.

Dans la longue réflexion de Garcia sur les toutes premières
semaines de guerre, toutes les leçons sont tirées. Le *pronunciamiento* classique des généraux a échoué grâce à « l'Apocalypse de la fraternité », mais l'entrée dans une guerre où
Apocalypse n'a plus sa place suscite une inquiétude expri-
mée avec un franc pessimisme plutôt qu'avec espoir. Quelle
que soit l'admiration personnelle de Magnin pour « l'Apocalypse de la fraternité », l'action de sa brigade n'en a jamais
directement dépendu et ne devrait donc pas non plus être trop
affectée par sa disparition : Magnin et ses pilotes sont les premiers à pouvoir entrer dans une vraie guerre, puisque la nature
de leurs armes les a d'emblée contraints à ne mener qu'une
guerre technique. La tragédie ne se jouera qu'à l'intérieur de
leurs consciences, même si la question de l'indiscipline des
mercenaires et celle de la vétusté des avions donneront à
Magnin l'occasion de vivre à sa manière « l'organisation de
Apocalypse ».

Quoi qu'il en soit, après ce discours de Garcia, tout ce qui,
dans la suite du récit, sera marqué du sceau de « l'illusion
lyrique » ou de « l'Apocalypse de la fraternité », sera immédiatement lu comme tragique, puisque condamné par le destin
à disparaître. Sur tout ce que le lecteur va découvrir d'héroïsme
ou de simple grandeur, partout où le narrateur pourra être

tenté par le style épique, pèseront désormais le regard de
Garcia, l'implacable lucidité de son jugement critique, le souvenir de son discours. L'épopée est reléguée alors dans le
second degré, dans le spectacle vain ; c'est désormais **le ton
tragique qui s'impose**.

« L'ILLUSION LYRIQUE »

II. *Exercice de l'apocalypse*
(pp. 141 à 303)

Cette deuxième section est presque entièrement consacrée
à l'un des épisodes les plus connus de la guerre d'Espagne
le siège de l'Alcazar de Tolède.

Première séquence (pp. 141 à 191)

RÉSUMÉ

Garcia, venu observer les combats, découvre des groupes de
miliciens anarchistes qui refusent de se soumettre à l'autorité du
capitaine Hernandez, officier de carrière resté fidèle aux républicains. Accompagné de Mercery et du Négus, qui l'aident autant
qu'ils le peuvent, Hernandez, navré par tant de pagaille et de
gâchis, conduit Garcia jusqu'au point de contact avec l'ennemi
Mercery et le Négus, qui parvient à arrêter, dans les souterrains
de l'Alcazar, le porteur d'un lance-flammes, s'illustrent par des
gestes à la fois héroïques et efficaces.

Les chapitres II et III nous ramènent chez les aviateurs, auxquels une conduite farfelue vaut quelques déboires avec la police
des mœurs de la FAI*, et dont l'enthousiasme guerrier commence à faiblir. Les plus idéalistes restent alors les plus efficaces
Scali, interrogeant un aviateur italien tombé dans les lignes républicaines, découvre la carte des aéroports clandestins des franquistes ; Marcelino et Jaime Alvear acceptent la dangereuse mission de bombardement de l'Alcazar. Au moment où des drapeaux
blancs étalés dans la cour leur font croire à la reddition de la
forteresse, ils sont pris en chasse par les avions ennemis. Au chapitre V, nous assisterons au retour de leur avion en feu, rame-
nant au champ d'aviation Marcelino mort et Jaime rendu aveugle
par une balle explosive.

34

Entre-temps, au chapitre IV, nous voyons Lopez interroger une femme, otage évadé de l'Alcazar, qui évoque l'ordre infernal régnant dans la forteresse et révèle que tous ceux des assiégés qui ont été tentés de se rendre, ont été impitoyablement abattus – c'est l'explication, notamment, des draps blancs qui ont trompé l'équipage de Marcelino...

La plus grande partie du chapitre V est ensuite consacrée à une discussion entre Magnin et un haut responsable du Parti communiste, Enrique. Ce dernier, pour assurer l'autorité du parti sur l'armée, est en train d'organiser les troupes disciplinées et efficaces du 5e régiment et veut imposer à Magnin, dans son escadrille, des militants communistes incompétents et suspectés de trahison par le gouvernement. Magnin refuse.

On pourrait résumer tout le récit du siège de l'Alcazar en disant que ses acteurs se sont bornés à « exercer l'Apocalypse », sans parvenir à « l'organiser », et qu'ils en sont ainsi devenus les premières victimes, ne s'étant laissé de choix qu'entre le martyre et la perte de toute dignité et de tout espoir dans la décomposition de la débandade.

Garcia, inspecteur de l'Apocalypse

Dans la première séquence, le pittoresque n'est plus celui de l'Espagne, mais bien celui de la guerre civile telle que la pratiquent, à Tolède, républicains et anarchistes. Le point de vue adopté n'est pas neutre : **Hernandez** est un officier de carrière qui croit à la nécessité de la discipline militaire et du respect des compétences ; il guide Garcia dans sa tâche d'observateur, et ce dernier, même s'il a plus d'indulgence que le capitaine pour la fantaisie héroïque des combattants, ne songe qu'à faire ce qu'il faudra pour gagner la guerre. Deux personnages viennent corriger l'impression trop négative que le lecteur pourrait ainsi se faire des anarchistes : **Mercery**, que son attachement à la « beauté du geste » rend compréhensif à leur égard, et **le Négus**, qui ne cesse de seconder efficacement Hernandez, mais sait aussi se faire, par l'exemple comme par la parole, l'avocat éloquent de leur cause.

Garcia, par la discrétion de son jugement, son souci de clairvoyance et d'objectivité, s'affirme ici comme le **personnage-guide du roman**, le point d'équilibre à partir duquel le narrateur lui-même mesure et apprécie les thèses et les passions qui s'affrontent à l'intérieur du camp républicain. L'**intimité entre le narrateur et Garcia** est d'ailleurs suggérée par quelques notations impliquant identité de point de vue, mais aussi de sensation, d'expérience ; par exemple (pp. 151-152) : « Garcia, possédé par toute cette réverbération, près de vomir d'éblouissement et de chaleur, découvrit le cimetière ; et il se sentit humilié, comme si ces pierres et ces mausolées très blancs dans l'étendue ocre eussent rendu tout combat dérisoire. »

L'espace romanesque

Le parcours de Garcia dans Tolède permet d'évoquer, autour de deux grandes scènes d'une violence extrême – le combat à la dynamite et la scène du lance-flammes – un espace très particulier, qui donne aux combats un caractère extraordinaire, presque irréel. L'Alcazar lui-même n'est ni situé, ni décrit ; il reste une présence, un monstre trop proche pour être visible – ce qui contribue à rendre inexplicables les attaques multiples, désordonnées et impuissantes qui le visent. Ce qui s'impose d'abord, c'est un **labyrinthe** de ruelles encombrées de barricades hétéroclites et qui, malgré tout, convergent vers une place vide, lieu interdit où se croisent, en s'y perdant, les tirs de l'Alcazar et ceux des assiégeants. Labyrinthe encore que ce « désordre de jardins brûlés, de salles fraîches et d'escaliers » (p. 151) traversé par Garcia pour accéder au lieu de l'affrontement.

Le **soleil** et la **chaleur**, l'**ombre** et la **lumière** jouent aussi leur rôle, imposant la loi de leurs violents contrastes à l'action des hommes et semblant accroître encore ainsi son désordre et son absurdité. Qu'elles soient ou non sous le feu de l'Alcazar, les rues sont « divisées par l'ombre » (p. 149), et le feu du soleil sur les tuiles des toits est si accablant qu'il paraît n'autoriser qu'un univers minéral, où tout combat devient « dérisoire ». Dans le souterrain – lui aussi labyrinthique et angoissant – où le Négus s'empare du lance-flammes, les combattants cherchent à s'atteindre dans une obscurité qu'éclaire seulement le jet phosphorescent de cette arme inhumaine. Le con bat change encore de nature : « la guerre n'avait rien à voir dans ce combat des hommes contre un élément » (p. 156). C'est là un **espace proprement infernal**, où les combattants, réduits à l'état d'ombres, ne manifestent leur présence que par des cris et des appels angoissés, dans une sorte de folie et d'agitation qui n'ont pour forme que celle des flammes elles-mêmes : « la gerbe d'essence crépitante avançait pas à pas, et la frénésie des miliciens était multipliée par ses flammes bleuâtres et convulsives qui envoyaient gigoter sur les murs des grappes d'ombres affolées, tout un déchaînement de fantômes étirés autour de la folie des hommes vivants. Et les hommes comptaient moins que ces ombres folles, moins que ce brouillard suffocant qui transformait tout en silhouettes, moins que ce grésillement sauvage de flammes et d'eau, moins que les petits gémissements aboyés d'un brûlé [...]. »

Ces **images de la guerre**, fantastiques et tumultueuses, nous entraînent loin des luttes sociales et politiques qui sont censées les expliquer. Cette guerre est devenue un déchaînement de folie, une occasion pour les hommes d'affronter, en des combats frénétiques, les forces élémentaires du monde, ou plutôt du chaos : c'est, proprement, « **l'exercice de l'Apocalypse** ».

À cet espace du chaos s'oppose cependant **celui du ciel** « extraordinairement pur » où évolue l'avion de Marcelino : « une paix cosmique régnait sur la perspective blanche » (p. 171). Les **aviateurs**, dans leur élément, échappent à une apocalypse qu'ils vivent, sur la terre, sur le mode farfelu seulement : Séruzier, pris pour un espion italien par les prostituées madrilènes, symbolise assez clairement « leur fumisterie, leur cafouillage, leur indiscipline et leur chiqué », évoqués sans plus de précision par Magnin au début du chapitre v (p. 180). L'espace des aviateurs idéalistes n'a avec le monde de Tolède, plein de bruit et de fureur, qu'un contact minimal ; il le touche à peine, et presque par hasard, parce qu'ils appartiennent à deux univers, à deux ordres différents. « L'avion qui tournait, comme une minuscule planète, perdu dans l'indifférente gravitation des mondes, attendait que passât sous lui Tolède, son Alcazar rebelle et ses assiégeants, entraînés dans le rythme absurde des choses terrestres. [...] Il semblait que le paysage entier des nuages tournât avec une lenteur planétaire autour de l'appareil immobile. / De la terre, soudain réapparue à la lisière d'un trou de nuages, arriva, à deux cents mètres de l'avion, un tout petit cumulus : l'Alcazar tirait. » La sérénité et l'invulnérabilité des aviateurs ne sont, certes, que des parenthèses dans l'action, et même des illusions, puisque la chasse ennemie ne va pas tarder à apparaître, mais le narrateur nous laissera tout ignorer du combat terrible qui va se livrer. Nous ne connaîtrons que son issue, le retour de l'avion en feu, et l'on ne verra, alors, que la lutte de l'avion contre des flammes dont on oublie l'origine, comme si le feu à l'état pur, le feu du ciel, était le seul adversaire digne des aviateurs.

La politique et l'histoire

La deuxième section de « L'illusion lyrique » est l'une des parties du roman la plus riche en informations et analyses sur la situation politique et militaire. Cela apparaît dès la première séquence. Comme dans la première section, ces informations sont, le plus souvent, données « en situation », par des acteurs directs de la guerre. La scène de l'interrogatoire mené par Scali nous révèle la présence d'avions italiens envoyés par Mussolini dès avant le début du soulèvement franquiste. Nous apprenons aussi la présence d'otages dans l'Alcazar : si elle n'explique pas tous les échecs des assaillants, elle contribue néanmoins à accroître la confusion qui règne parmi eux, ce dont témoigne, par exemple, le geste absurde de l'homme tirant obstinément au fusil sur les plus grosses pierres de la forteresse. Garcia lui-même apprend de la bouche de Mercery et de Hernandez que, contrairement aux informations colportées par les journaux de droite, l'Alcazar n'est pas défendu par la fine fleur de la jeunesse espagnole, les fameux cadets, mais par de simples soldats et des gardes civils durement commandés par une poignée d'officiers – ce qui rappelle au lecteur qu'on a affaire à une **guerre idéologique, où la propagande est une arme parmi d'autres**. Au chapitre IV, de même, un haut-parleur, dans la cour de la *Jefatura* «gueu[le] de fausses nouvelles ». Dans ce même chapitre, l'interrogatoire mené par Lopez donne une idée des conditions de vie épouvantables à l'intérieur de l'Alcazar, mais aussi des dissensions, violemment réprimées, qui apparaissent entre assiégés. Enfin, la médiation d'un prêtre – fait historiquement attesté – est annoncée.

Mais l'analyse politique la plus importante se trouve dans la **discussion entre Magnin et Enrique**, qui représente dans le roman l'une des tendances les plus inquiétantes du Parti communiste espagnol. Enrique entend favoriser des militants de son parti au mépris de la légalité républicaine, que Magnin veut respecter. On voit cependant clairement, dès ce moment, que le Parti communiste est la seule force porteuse d'un espoir de victoire : « Magnin avait vu se former les bataillons du 5ᵉ régiment. [...] Ils avaient résolu le problème – décisif – de la discipline révolutionnaire. Magnin tenait donc Enrique pour l'un des meilleurs organisateurs de l'armée populaire espagnole [...]. » À la pagaille apocalyptique de Tolède, les communistes sont prêts à remédier par la « discipline révolutionnaire », sous l'autorité du Parti. Magnin et les aviateurs autres que les mercenaires demeurent idéalistes, c'est-à-dire, en l'occurrence, hostiles, par légalisme républicain, à tout embrigadement, à tout clientélisme de parti. **C'est cet idéalisme qui ne tardera pas à devenir tragique**.

La comédie de la guerre

Le premier chapitre de la séquence met également en place un thème dont l'importance sera confirmée dans la suite, en particulier lors de la conversation entre Hernandez et Moreno (au chapitre VII de la deuxième section) : à Tolède, **la lutte révolutionnaire**, ayant perdu son élan initial, **devient spectacle pour les combattants eux-mêmes, qui se contentent de jouer à la guerre, plutôt que d'essayer de la gagner**. « L'Alcazar *est un jeu*. On ne sent plus l'ennemi », explique Hernandez à Garcia (p. 150). On change de camp sur un coup de tête, comme cet officier qui décide brusquement de bombarder le poste de commandement de Hernandez parce qu'il « en a assez de tirer sur les siens ». **L'enfance d'un peuple**, et tous les espoirs qu'elle portait en elle, dans la première section (*L'illusion lyrique*), **se dégrade ici en infantilisme**. C'est ce que symbolise particulièrement le milicien anarchiste ridiculement accoutré qui se fait appeler la « Terreur de Pancho Villa », personnage plusieurs fois remarqué par les protagonistes (il les suivra jusqu'à la salle du repas au musée de Santa-Cruz) et qui semble les hanter comme leur mauvaise conscience.

Semelles et formes de cordonnier dans le poste de commandement, files de pots de lait abandonnés, statues de saints sur lesquelles « des bandes de mitrailleuse sèchent comme du linge », ou servant de porte-manteaux, ou de barricades, automobile abandonnée dans une rue avec les cadavres de ses occupants, tous ces **objets incongrus**, découverts ici ou là, évoquent des **accessoires de théâtre** égarés sur la grande scène de Tolède où l'on ne sait plus quelle pièce jouer. Ce désordre dénonce, d'une certaine façon, l'ordre ancien du monde, mais il n'en annonce pas un nouveau : il a cessé d'être un mouvement, une promesse, il n'est plus qu'un **immense désarroi**. On peut d'ailleurs faire un constat analogue à Madrid, dans la pièce où Scali, interrogeant l'aviateur italien, découvre « les richesses de Sinbad » : « [...] derrière lui, sous le portrait d'Azaña*, un amoncellement d'argenterie d'un mètre : plats, assiettes, théières, aiguières et plateaux musulmans, pendules, couverts, vases, saisis pendant les réquisitions » (p. 164).

Deuxième séquence : chapitre I (pp. 193 à 214)

RÉSUMÉ

Après avoir quitté Enrique, « communiste du type abbé », nous retrouvons, dans le premier chapitre de la deuxième séquence, Manuel en train de devenir « communiste du type militaire » : il met à l'épreuve un transfuge rebelle à toute discipline, Alba, et apprend son métier d'officier, sur le terrain, aux côtés de Ximénès. Ce dernier lui enseigne, par la parole et par l'exemple, lors d'une attaque de fermes tenues par les fascistes, que « le courage est une chose qui s'organise » et qu'« un officier doit être aimé dans la nature de son commandement [...] et non dans les particularités de sa personne ». Les deux hommes interrogent ensuite longuement des paysans devant l'église qu'ils viennent d'incendier : l'un des paysans explique qu'on reproche ici aux curés d'avoir approuvé toutes les répressions et, plus encore, d'être ces « voleurs de pardon » qui ont demandé aux paysans de se repentir pour s'être défendus contre les généraux. Un autre raconte une curieuse parabole où l'on voit les courageux et misérables de tous les pays s'armer de fusils et converger vers une Espagne réduite à la misère par les puissants, où le Christ ne reste vivant que dans la communauté des pauvres et des humiliés.

40

Le premier chapitre de la deuxième séquence est isolé dans l'ensemble d'«*Exercice de l'Apocalypse*», puisque consacré à des combats terrestres situés non à Tolède, mais dans la vallée du Tage, entre Talavera et Tolède. Il comporte deux thèmes bien distincts : celui du chef militaire et celui de l'attitude des paysans envers l'Église espagnole.

Être aimé sans séduire

Le premier thème semble développé pour définir ce que doit être le chef militaire dans une armée républicaine, par opposition implicite à la conception fasciste du chef. Malraux donne vie à ce sujet austère et, apparemment, mal adapté au genre romanesque, en commençant par le récit d'une action exemplaire, mais aussi en jouant sur le pittoresque du personnage de Ximénès, très humain, corrigeant un paternalisme spontané par un courage physique exemplaire et éprouvant quelques difficultés à traduire l'idéal chrétien qui l'anime en un discours laïc et républicain. Quant à la philosophie du commandement qu'il expose à Manuel, son principe le plus significatif – et le plus cher à Malraux – est, sans conteste, le **refus de la séduction**. Sans doute s'agit-il avant tout, ici, de refuser tout culte de la personnalité, mais être aimé sans séduire est un principe qui dépasse évidemment largement le cadre des questions militaires ; on le retrouve, notamment, dans les réflexions de Malraux sur l'art : le véritable artiste, dit-il, n'est jamais celui qui séduit, mais toujours celui qui cherche à imposer une passion, un style qu'il fera apprécier pour le monde nouveau qu'ils suggèrent, et non pour les plaisirs, l'agrément qu'ils pourraient procurer en ce monde. C'est donc un grand **principe éthique** qui est ainsi affirmé : ce qui nous pousse vers autrui, que cela s'appelle l'amour, l'admiration, ou autrement, n'a de valeur que si c'est la manifestation d'un désir de sortir de nous-mêmes, de nous dépasser en entrant dans un autre univers.

Les paysans et le christianisme

Le thème des paysans est présenté de façon plus originale : le schéma discursif habituel, celui de l'entretien, du dialogue, n'étant plus adapté, Manuel et Ximénès sont bien plutôt transformés en auditeurs de voix diverses et mal identifiées qui se répondent, se croisent ou se conjuguent sans confronter des thèses comme dans une discussion ordonnée. On reconnaît au cœur de cette polyphonie le **thème du « pardon » de l'aspiration à la dignité**, déjà développé par Barca, et de la perversion de l'appel au repentir ; mais le discours du conteur de veillées des morts se présente comme l'expression plus générale, dans l'imaginaire paysan, du **passage de l'espérance chrétienne à l'espérance révolutionnaire**. Les curés se trouvent ainsi accusés d'avoir trahi, en lui ôtant toute sa noblesse et toute sa force, l'espérance chrétienne ; mais, hors de l'Église, le Christ demeure encore vivant, et l'appel aux peuples de la terre est son appel. On voit cependant qu'un paysan comme Gustavo ne veut plus de ces paraboles capables, peut-être, de fasciner un auditoire, mais dont le sens reste trop incertain ; il est prêt à faire de la politique, à faire la révolution, sans plus de référence au Christ : « Moi, je suis pas pour ces trucs-là. On saurait jamais ce qu'on doit faire. Faut savoir ce qu'on veut, y a que ça » (pp. 212-213). Malgré ce personnage, les paysans garderont leur mystère ; Ximénès et Manuel ne feront pas, ce soir-là, l'expérience d'une quelconque fraternité avec eux ; ils restent des « hommes de la ville ». Paradoxalement, c'est avec les aviateurs internationaux que les paysans parviendront, dans le roman, à nouer, pour finir, une vraie fraternité.

On aurait pu attendre que soit évoquée par ces paysans anarchistes la question de la collectivisation des terres, déjà éludée lors de l'entretien entre Barca et Manuel. Mais seule la question de l'Église est abordée ; celle des collectivisations n'apparaîtra, sous une forme très indirecte, que dans la conversation entre Hernandez et Garcia (au chapitre V).

Deuxième séquence :
chapitres II à V (pp. 215 à 251)

RÉSUMÉ

Le chapitre II nous ramène à Tolède, où Lopez, sur l'ordre du gouvernement de Madrid, tente une médiation en envoyant aux assiégés un prêtre, qu'ils réclament. Au cours de l'armistice décrété alors, les miliciens anarchistes et les défenseurs de l'Alcazar se trouvent face à face, esquissant un dialogue ponctué d'injures homériques. Au même moment, le capitaine Hernandez accepte, « par générosité », de transmettre sans aucun contrôle à l'épouse du commandant de l'Alcazar, des lettres que lui adresse son mari. Ce geste suscite étonnement et réprobation chez les observateurs communistes : le journaliste soviétique Golovkine et le bureaucrate Pradas.

Les principaux responsables du camp républicain à Tolède se réunissent ensuite au musée de Santa-Cruz et confrontent leurs thèses respectives, au cours d'un repas. Le Négus plaide pour une action révolutionnaire dont toute la signification pourrait être immédiatement et pleinement éprouvée par celui qui s'y consacre. Son refus de toute action aux objectifs indéfiniment différés, le mépris qu'il professe pour la discipline militaire et pour tout ce qui, à ses yeux, est imitation de l'ordre bourgeois, conduisent Garcia à le classer parmi ceux qui aiment la révolution pour elle-même et s'arrangeraient aussi bien du martyre que de la victoire, tandis que Pradas le traite – injurieusement – de « chrétien ». Cependant, le débat montre ensuite un décalage entre le point de vue psychologisant de Garcia, qui interprète la guerre comme une lutte du « besoin de fraternité contre la passion de la hiérarchie », et celui des communistes orthodoxes, comme Pradas, et même Manuel, qui ne veulent voir aux haines humaines que des causes socioéconomiques. À la fin du repas, Garcia se demande comment faire converger dans une même action des hommes aussi soucieux d'affirmer leurs oppositions idéologiques.

Resté seul avec Garcia, Hernandez lui explique que son sens de l'honneur l'oblige à s'opposer aux communistes, qui font passer l'efficacité avant la simple justice. Tandis que Garcia plaide malgré tout pour l'efficacité, le grondement du canon annonce l'échec de la médiation.

COMMENTAIRE

L'espoir épique

À Tolède, le récit est centré sur un événement qui reste assez mystérieux en lui-même mais dont le narrateur semble vouloir retenir les effets : la médiation tentée par le prêtre. Cet événement est l'occasion de **faire le point sur ce qu'il**

peut rester d'humain dans un déchaînement de violence où l'ennemi tend à devenir un monstre élémentaire, avec le face-à-face de la place du Zocodover, le geste de Hernandez en faveur de l'épouse du colonel Moscardo et, enfin, la justification philosophique et politique de la guerre, qui fait l'objet de la grande discussion du musée de Santa-Cruz.

L'affrontement verbal, et la distribution de présents – cigarettes et lames de rasoir – de la place du Zocodover (événement dont la réalité historique est d'ailleurs incertaine) paraissent renouer avec la grande **tradition homérique** où, avant de s'affronter, les héros, face-à-face, se mesuraient en échangeant force injures. Si l'on fait le rapprochement avec certaines explications données par Hernandez à Garcia (au début de la première séquence), avec le moment où le Négus constate qu'on ne peut pas brûler vif un homme qui vous regarde en face, mais aussi, peut-être, avec le célèbre passage des *Noyers de l'Altenburg* où l'on voit des soldats allemands se porter au secours de leurs ennemis russes gazés (pendant la Première Guerre mondiale), on y verra le signe que les hommes sont moins faits pour la haine qu'on ne le dit parfois, et qu'ils reconnaissent spontanément le caractère sacré de la vie de leurs semblables. Ce n'est pas sans efforts, sans pratiques d'aveuglement volontaire, qu'ils construisent, à coup d'injures, l'univers artificiel où la haine devient une nécessité. Pour que la guerre soit possible, il lui faut, dans tous les sens du terme, un théâtre. Sur la place du Zocodover, les cigarettes et les lames de rasoir apparaissent, l'espace d'un instant, plus immédiatement nécessaires, plus originelles que la haine ; elles échappent au théâtre.

La générosité de Hernandez, quant à elle, relève plutôt d'un pari – fort risqué – sur la loyauté d'un adversaire que l'on veut croire au moins égal à soi en dignité et en noblesse d'âme. C'est, là encore, pour Hernandez, une façon de montrer qu'il aimerait vivre ce combat **comme un combat épique**, et non comme un fantasme retranchant l'adversaire de l'humanité à laquelle on appartient soi-même.

Dans un cas comme dans l'autre, le narrateur insiste sur le regard porté sur ces gestes par divers acteurs du conflit. Mercery et, à un moindre degré, le Négus (« Sombre andouille, dit le Négus, cordial quand même », p. 229) comprennent le geste de Hernandez ; mais ce n'est pas le cas des communistes orthodoxes, Pradas et Golovkine – ce dernier se demandant s'il s'agit d'un cas d'« espagnolisme » (p. 231). Ces deux-là, en effet, ne conçoivent plus de vie ni d'action en dehors d'une pièce déjà tout écrite, celle de la lutte des classes, à quoi se résume toute la réalité du monde. Ils ne peuvent **voir dans ces gestes de simple humanité que les scories d'un ordre ancien** (Hernandez agirait au nom de la solidarité entre officiers, etc.), résistant encore à la loi d'airain qui tend à imposer de nouveaux rapports sociaux. Mercery et les anarchistes sont moins « sérieux », c'est-à-dire moins convaincus d'être ainsi déterminés dans toute leur action par les lois de l'Histoire. Ils ne s'indignent pas de ce que Shade définisse la révolution comme « les vacances de la vie » (p. 235) ; ils n'ignorent pas la part de comédie qu'il y a en eux, qu'il y a en toute action humaine, mais ils savent reconnaître ce que les gestes théâtraux peuvent avoir parfois de vraie grandeur, de vraie beauté. En d'autres termes, ils savent **distinguer le geste exemplaire** – celui de Hernandez ou celui des miliciens qui distribuent leurs cigarettes – **du geste qui n'est que spectaculaire**, même si, fatalement, celui qui se donne en exemple se donne aussi en spectacle.

Le spectacle est fini

La grande discussion du musée de Santa-Cruz est l'occasion de **préciser les divergences idéologiques qui opposent anarchistes et communistes**. Le Négus présente le point de vue anarchiste avec une conviction qui lui vaut la sympathie d'un Garcia ou d'un Manuel ; ses contradicteurs – Pradas, du moins – font figure, face à lui, de doctrinaires bornés. On voit cependant, au ton de certaines répliques, qu'il existe, sous les divergences idéologiques, une sympathie réelle entre tous les courageux et les pragmatiques risquant leur vie pour la cause de la dignité humaine : Mercery, le Négus, Garcia, Manuel, Hernandez...

Des thèmes développés par le Négus, il faut retenir, outre celui de l'action exemplaire où l'individu jette tout son être et toutes ses forces pour donner un sens immédiat à sa présence sur la terre, celui de **l'hommage au « combattant inconnu »** (p. 240), par lequel le Négus montre que les anarchistes ne sont pas les individualistes paranoïaques qu'on a parfois dénoncés mais qu'il y a chez eux une **mystique de l'action collective**. Leur conviction est qu'il peut y avoir quelque chose d'universel non seulement dans l'idéal éthique, lointain et abstrait, pour lequel on se sacrifie, mais aussi dans l'action même de se sacrifier, prise avec tout son poids de souffrance et d'angoisse. En cela du moins, Pradas n'a pas tout à fait tort lorsqu'il les traite de « chrétiens »…

Cependant, les quelques espoirs épiques resurgis à la faveur de la trêve laissent place à un **tragique de plus en plus affirmé**. La conclusion que tire Garcia du débat du musée de Santa-Cruz et sa conversation avec Hernandez, au chapitre suivant, viennent rappeler qu'il n'y aucun compromis possible entre les exigences de l'efficacité militaire et celles de la générosité héroïque.

Deuxième séquence : chapitres vi à x (pp. 252 à 303)

RÉSUMÉ

Le chapitre vi nous montre deux aviateurs de type opposé, le mercenaire farfelu Leclerc et le vertueux idéaliste Attignies, effectuant une mission de bombardement au-dessus de Talavera, alors même que l'armée franquiste commandée par Yagüe marche sur Tolède. À Tolède, Manuel et Heinrich, un des généraux des Brigades internationales, tentent d'organiser la défense de la ville, en pensant déjà à celle de Madrid. Hernandez rencontre son ami Moreno qui, après avoir échappé – par chance – à la mort à laquelle les fascistes l'avaient condamné, ne voit plus dans la lutte qu'une absurde comédie d'héroïsme. Devant Tolède, les *dynamiteros* attendent les tanks ennemis ; deux d'entre eux, Pepe et Gonzalès, rappellent les exploits épiques ou cocasses des luttes menées deux ans plus tôt dans les Asturies.

Alors qu'une petite partie seulement de l'Alcazar, miné, s'effondre dans une terrible explosion, les miliciens, effrayés par l'arrivée des troupes franquistes, abandonnent leurs postes de combat et leurs armes, sans que les efforts conjugués de Heinrich, Hernandez et Manuel ne parviennent à les convaincre qu'une résistance est encore possible. Heinrich et Manuel partent vers Madrid, mais Hernandez reste parmi les quelques combattants décidés à résister jusqu'au bout. Poursuivi, au milieu de la fusillade, jusqu'aux arènes de Tolède, Hernandez, assommé, est arrêté. Après un emprisonnement et un interrogatoire pendant lesquels resurgit le souvenir des paroles désenchantées de Moreno, Hernandez meurt fusillé, parmi d'autres prisonniers, en martyr de son honneur et de sa cause.

La mémoire de la guerre

L'impossibilité de poursuivre la résistance devient encore plus douloureusement tragique pour Hernandez lorsqu'il se trouve confronté au désespoir de son ami Moreno ; il n'y a pas, en effet, de dévalorisation plus radicale de la générosité héroïque que celle que professe Moreno en affirmant avec une ironie amère qu'il n'y a point de héros sans auditoire. Ce n'est pas seulement l'héroïsme qui disparaît tout entier, dit-il, lorsqu'il cesse d'être un spectacle, c'est aussi l'estime de soi, le simple sens de la dignité. Hernandez et les anarchistes ont donc eu tort de croire qu'il pouvait y avoir des actions exemplaires qui échapperaient à la comédie, au spectacle. Ce n'est pas un hasard si, à Tolède, on ne verra plus rien de semblable aux actions-suicides des anarchistes barcelonais. Tolède, avec ses miliciens clownesques, son capharnaüm d'accessoires de théâtre et ses projecteurs de cinéma était le lieu le plus propre à la dérision des gestes héroïques ; la ville est l'espace même du cauchemar de Hernandez.

La guerre, pourtant, n'est pas finie. Hernandez lui-même échappe au cauchemar de la scène théâtrale vidée de ses acteurs qu'est devenue Tolède en se lançant dans un baroud d'honneur ; il trouve, dans l'urgence de l'action violente, une **fraternité aveugle, immédiate et puissante**, qui n'a plus rien de commun avec la recherche d'un auditoire applaudissant à des gesticulations héroïques. De leur côté, les dynamiteurs asturiens, Pepe et Gonzalès, mêlent étroitement récit épique et action guerrière, dans un espace qui n'est plus le théâtre de Tolède, dans un espace où la fraternité, entre des hommes qui se voient à peine, est créée par la remémoration des heures de souffrance et de gloire collectivement vécues naguère. Faut-il voir là une forme de l'espoir ? En fait, ces *dynamiteros*, par leur usage de l'arme « romantique » par excellence, la dynamite, et par la fragilité de leurs corps « sans carapace » face aux tanks ennemis, semblent eux aussi condamnés, relégués avec d'autres parmi les **vestiges de l'antique épopée**. La guerre qui s'annonce est celle que Heinrich et Manuel tentent d'organiser avec les méthodes et la discipline des communistes.

Le dernier chapitre, celui de l'exécution de Hernandez, est, curieusement, écrit au présent. Il s'agit, bien sûr, de suivre Hernandez jusque dans ses ultimes instants de vie. C'est une constante, chez Malraux romancier, que de vouloir accompagner ses personnages jusqu'au seuil extrême de la mort, aux frontières de l'indicible : c'est le cas pour Perken dans *La Voie royale*, pour Tchen, Kyo, Katow, dans *La Condition humaine*. Mais le **passage au présent** est aussi une façon de suggérer un temps qui n'entrera pas dans l'histoire, qui ne sera jamais constitué comme le simple passé d'événements appelés à se produire ensuite. En d'autres termes, ce présent, qui est pourtant utilisé pour une narration, a quelque chose d'un **présent d'éternité**. La mort de Hernandez n'est pas la mort d'un homme, c'est la **fin d'un monde**. C'est pourquoi la scène de son exécution est aussi l'une des scènes les plus picturales de tout le livre. Hernandez n'appartient plus à l'Histoire ; il n'est plus non plus dans un théâtre où sa mort pourrait prendre valeur d'exemple pour un public de spectateurs et avoir ainsi un avenir. Hernandez meurt absolument seul et sans espoir. Seule l'écriture romanesque peut tenter de saisir ce moment en une scène qui semble suivre le modèle d'une crucifixion, ou du fameux *Tres de Mayo* de Goya, non pour lui donner une signification dans une Histoire dont on postule la suite, mais pour lui donner une chance d'entrer dans le temps imprévisible des métamorphoses qui est seulement celui de l'art.

DEUXIÈME PARTIE

« LE MANZANARES »

I. *Être et faire* (pp. 305 à 395)

Chapitres I à V (pp. 309 à 358)
Chapitres VIII et IX (pp. 383 à 395)

RÉSUMÉ

À Aranjuez, Manuel, craignant la contagion du désespoir, s'emploie à freiner le mouvement de panique qui emporte vers Madrid « la cohue affolée » des miliciens de Tolède. Juché, avec Lopez, sur le toit d'une voiture, les deux hommes risquent leur vie en s'opposant à cette foule, si lasse et démoralisée qu'elle en devient haineuse. Il s'engage à nourrir et à faire dormir sur place les miliciens, et y réussit en faisant appel à un sursaut de dignité, mais aussi à la solidarité des communistes, auxquels le Parti a commandé une stricte obéissance aux autorités militaires. Manuel a ainsi réveillé chez tous ces hommes « la meilleure part d'eux-mêmes », et ils finissent par prendre en main leur propre organisation.

Le chapitre II nous conduit dans l'avion de Magnin au moment où il bombarde le port de Palma de Majorque. Tandis que les projecteurs de la défense antiaérienne poursuivent l'avion dans la nuit, ses quatre occupants, Magnin, Pol, Gardet et Attignies, vivent, au cœur du danger, un bref moment d'intense fraternité. À Albacete, Magnin assiste ensuite à quelques scènes de la formation des Brigades internationales : les ivrognes et les clochards sont refoulés, mais les autres volontaires, militairement organisés, défilent au pas dans les rues, tous unis par le chant de *L'Internationale*. Magnin, qui essuie aussi l'indifférence de quelques mercenaires de son escadrille retrouvés là, part en « ruminant son idée de derrière la tête ».

Cette idée, on le verra au chapitre IV, est celle de la reprise en main des aviateurs selon le même modèle : expulsion des mercenaires défaitistes et sans idéal, strict encadrement de l'escadrille par les responsables communistes, intégration, à terme, de cette escadrille dans l'armée espagnole. Cette conclusion est préparée par le récit de la crise vécue par Leclerc – le plus extravagant de tous les pilotes mercenaires. Après s'être enfui sans combattre lors d'un raid particulièrement dangereux sur Gétafé, Leclerc, à moitié ivre, donne libre cours à un flot d'âcre ressentiment, où la honte de lui-même se transforme en haine contre Magnin, Scali et tous les idéalistes. Surgissant au moment où Leclerc semble près de faire un mauvais parti à Scali, Magnin annonce sa réforme, à laquelle la scène qui vient de se dérouler a donné tout son sens.

On se bat, désormais, aux portes de Madrid et nous apprenons, au début du chapitre V, que le gouvernement a quitté la ville pour s'installer à Valence. C'est à Madrid, dans un ministère presque vide, que Scali est convoqué par Garcia, qui veut l'interroger sur de mystérieuses explosions, attribuées par certains à l'aviation franquiste. Garcia parvient vite à la conclusion qu'il ne peut s'agir que de bombes posées par les partisans des nationalistes à Madrid même, la fameuse « cinquième colonne » ; il n'en dira rien à la presse, cependant, afin de ne pas déchaîner d'atroces vengeances...

Les deux derniers chapitres (VIII et IX) nous font retrouver la guerre et ses acteurs directs. Du point de vue du commandement, d'abord : Manuel, devenu lieutenant-colonel, Enrique et d'autres officiers communistes organisent la résistance de Madrid. Sur le terrain, ensuite, où nous accompagnons deux jeunes soldats des Brigades internationales, Siry et Kogan, au moment où leur brigade repousse un assaut des Maures* au parc de l'Ouest.

COMMENTAIRE

Le retour à l'efficacité

L'unité de cette partie est évidemment donnée par le **thème de la reprise en main des forces républicaines**, après les échecs sanglants et l'abattement moral auxquels « l'illusion lyrique » les a conduites. Dans toutes les opérations de réorganisation évoquées ici, les premiers rôles sont joués par les responsables communistes : Manuel, Enrique, Attignies, etc. – les anarchistes paraissent avoir disparu. C'est l'explication du titre *Être et faire* : les anarchistes voulaient profiter de la révolution pour « vivre selon leur cœur », *être* pleinement eux-mêmes ; les communistes font passer l'efficacité avant tout, ils veulent *faire* la guerre, avec toutes les contraintes et tous les sacrifices que cela suppose, pour aboutir à la victoire de leur camp.

Sur ce propos d'une simplicité extrême se greffent cependant d'autres thèmes qui contribuent à la **polyphonie du roman**. On ne saurait dire, ainsi, que le narrateur épouse la thèse des partisans inconditionnels de l'efficacité, tant sont fortes les voix de ceux qui sont en désaccord total ou partiel avec cette ligne de conduite : **voix intérieure de Scali**, qui n'a pas toute la conviction nécessaire pour s'opposer à la haine de Leclerc et qui, plus tard, se laisse gagner par la tragique perplexité du vieil Alvear ; **voix de Guernico**, qui fait l'éloge d'une Église « résistante », dont on voit bien qu'elle est tout aussi prête à s'opposer aux impératifs politiques et policiers du communisme qu'à ceux des fascistes ; **voix puissante**, enfin et surtout, **du vieil Alvear** qui refuse de placer quelque espoir dans ce que les responsables communistes veulent, à long terme, *faire* et qui montre que les vraies questions qui se posent aux hommes sont à un autre niveau que celui des affrontements guerriers dont l'Espagne est alors le théâtre. Et tout laisse penser qu'il existe de **fortes affinités entre Malraux romancier et le Garcia** qui écoute avec sympathie le discours de Guernico, et de plus fortes encore **entre le romancier et Alvear**, qui a consacré toute sa vie à l'art. Dans le même ordre d'idées, on doit observer que le sursaut d'autoritarisme de Magnin ne consiste pas à se faire lui-même communiste (comme le firent alors de nombreux chefs militaires républicains), mais seulement à confier les principales responsabilités à des militants communistes. Cela revient, sinon à se désolidariser de l'action menée par les communistes, du moins à accepter, à court terme, une marginalisation de sa propre autorité – sort qui, historiquement, fut bien à peu près celui d'André Malraux lui-même.

On voit qu'il y a de multiples façons de se convertir aux nécessités de la discipline et de l'organisation, et il est clair que l'intérêt de Malraux est inégalement distribué entre les principaux acteurs de cette reprise en main. Le cas de Manuel est le premier à retenir l'attention.

Manuel, illustration d'une théorie du chef révolutionnaire

À Aranjuez, Manuel n'est en rien un chef imposé par l'autorité d'un État ou d'un parti politique : sa qualité d'officier joue au moins autant contre lui que pour lui dans cette foule humiliée qui a le sentiment d'avoir été trompée par ses chefs. Il n'a pas non plus l'appui d'une quelconque force armée ; il ne dispose en effet d'aucun moyen d'intimidation ni de contrainte. S'il parvient à se faire entendre, puis obéir, c'est d'abord parce qu'il est personnellement animé d'une **pleine et entière conviction**, perçue par les auditeurs dans **le ton et le style** de son discours, bien plus que dans le contenu ; ses arguments restent, en effet, par eux-mêmes, des plus faibles puisqu'il ne peut prouver qu'il a les moyens de tenir ses promesses. Manuel s'impose, par ses seules forces, comme chef, parce qu'il inspire *confiance*, parce que, sans disposer d'aucune supériorité sur ceux auxquels il s'adresse, il leur donne simplement **l'exemple** d'un courage que tout un chacun peut aussi bien trouver en lui-même. Dans cette situation, Lopez joue, à ses côtés, le rôle d'un faire-valoir : il n'est pas moins courageux que Manuel, mais il n'inspire pas la même confiance, comme si sa qualité d'artiste déphasé dans le monde de la guerre transparaissait malgré lui dans sa personne. C'est au moment critique, celui où la foule hésite encore avant de basculer du bon côté – moment auquel le romancier a visiblement voulu donner relief et intensité – que la distinction se fait entre les deux hommes : « Sous un remous de feuilles mortes jusqu'au haut des platanes, la foule ondula comme si elle eût cherché un chemin. Les têtes baissées se balançaient de droite à gauche, tirant les épaules comme dans une danse sauvage, sous les mains surgies, doigts écartés. Lopez découvrait que l'autorité d'un orateur ne vaut que par ce qu'il y a dessous. Quand Manuel avait dit : Je vous fais confiance, tous avaient senti que c'était vrai ; et ils avaient commencé à choisir la meilleure part d'eux-mêmes. Tous le sentaient résolu à les aider, et beaucoup le savaient bon organisateur » (p. 316).

L'autorité de Manuel, ainsi acquise, est bien plus celle du responsable révolutionnaire tel que le concevaient, au début du siècle, les anarcho-syndicalistes* (et notamment ceux qui, comme certains anarchistes espagnols, se réclamaient des théories de Georges Sorel), que celle du chef imposé par une bureaucratie menant, loin des luttes, des calculs stratégiques compliqués. Elle est tout aussi éloignée, évidemment, de celle du chef fasciste imposé par une aristocratie politique ou militaire. Manuel joue, certes, de sa qualité de militant communiste lorsqu'il fait appel prioritairement aux autres communistes ; mais le narrateur prend soin d'insister sur la faiblesse de cette solidarité de parti (beaucoup commencent par jeter leurs insignes).

La **théorie de la légitimité du chef** qui court sous l'ensemble de cet épisode montre bien les limites et les réserves que Malraux romancier assigne à la réorganisation menée par les communistes : cette dernière n'est acceptable que si elle renonce aux pratiques bureaucratiques qui suspendent le sort de milliers d'hommes unis dans la même angoisse aux calculs secrets et machiavéliques d'une direction politique étrangère à toute fraternité vécue. C'est aussi bien la critique que formulera plus directement George Orwell dans son livre sur la guerre d'Espagne, *Hommage à la Catalogne*. La réalité historique, en tout cas, semble avoir été le plus souvent fort éloignée du modèle donné ici par le personnage de Manuel.

D'une fraternité à une autre

Dans les deux chapitres qui suivent, la **symétrie** paraît voulue entre l'épisode du raid sur Palma et celui du raid sur Gétafé, séparés par les scènes de la formation des Brigades internationales à Albacete. On est cependant loin d'avoir affaire à une opposition simpliste entre la réussite et l'échec, encore moins entre le courage et la lâcheté. Dans les deux cas, les équipages affrontent plus la technique d'armes modernes que de véritables ennemis, et les armes qui font fuir Leclerc paraissent réellement plus redoutables que les maladroits projecteurs de DCA auxquels Magnin réussit à échapper. **L'échec vécu par Leclerc est plus celui de la fraternité que celui du courage**. Alors que, dans la carlingue de son avion, Magnin est aux côtés d'aviateurs idéalistes qu'il connaît de longue date, Leclerc accompagne des avions dont les équipages sont espagnols et son propre équipage reste anonyme, comme si le narrateur voulait signaler ainsi le peu d'intérêt que Leclerc accorde à ses camarades de combat. Lorsque les projecteurs éclairent le Jaurès de Magnin, « la fraternité des armes remplit la carlingue avec cette lumière menaçante : pour la première fois depuis qu'ils sont partis, ces hommes se voient » (p. 322), et, lorsque le danger est passé, « chacun est habité par les visages fraternels un instant apparus » (p. 323). À l'inverse, lorsque, devant lui, l'avion piloté par Carnero est coupé en deux, Leclerc ne découvre que la décomposition et l'épouvante : « Leclerc eut l'impression qu'un bras sur lequel il s'appuyait venait d'être coupé : devant les points noirs des hommes qui tombaient autour d'un seul parachute ouvert, il voyait les faces terrifiées de son bombardier et du mitrailleur avant [...] » (p. 329). Dans la scène violente qui, au retour, l'opposera à Scali, Leclerc restera seul, vivant en solitaire sa honte et sa haine, sans jamais se référer à une quelconque fraternité, passée, présente ou future. C'est sans doute dans cette absence de fraternité qu'il faut voir le véritable échec des « Pélicans ».

Cette longue scène est aussi le **portrait psychologique et moral de ce marginal qu'est Leclerc**. Mais les traits de son caractère, le contenu de ce portrait, sont moins intéressants que le **langage** prêté par Malraux à son personnage. Qu'il soit écrasé de honte et que cette honte se transforme en ressentiment, en haine, en vantardises provocantes et en injures, il n'y a rien là qui sorte du cadre de la psychologie la plus classique. Mais Malraux semble s'être donné pour but d'insérer ici un personnage **conçu sur le modèle de ceux de Louis-Ferdinand Céline** : il lui prête le **ton**, la **voix**, l'**argot** de « chauffeur de taxi parisien » qu'il admirait chez les personnages de Céline (comme il l'avouera en 1973 dans une interview accordée à Fr. J. Grover). Il lui prête aussi tout l'**anarchisme ombrageux et rouspéteur** du petit peuple des banlieues, si souvent mis en scène par la littérature populiste des années trente, en France. Leclerc se définit d'abord comme « un communiste d'avant-guerre » et, lorsque Darras lui rappelle qu'il n'a, en réalité, « rien à voir avec le Parti », il fait en ces termes un autoportrait assez convaincant : « Alors c'est une question de parti, maintenant ? Tu m'as demandé ma carte pour faire sauter l'usine à gaz, à Talavera ? J'suis un solitaire. Un communiste solitaire. C'est tout. Seulement j'veux qu'on me foute la paix. Et j'suis l'ennemi des alligators qui veulent venir mordre dans mon entrecôte, tu m'as compris ? [...] » (p. 334). Leclerc, individualiste forcené qui s'enferre dans sa mauvaise foi, n'est plus que la **caricature dérisoire** et détestable de ce que pouvait être l'anarchisme dans la grande tradition héroïque, fraternelle et mystique de l'Espagne. À cette caricature de l'anarchisme, la fraternité simple, solide et disciplinée des communistes est mille fois préférable...

C'est bien **l'espoir d'une fraternité nouvelle, ordonnée et efficace**, qui semble naître dans les défilés militaires que Magnin observe à Albacete. Le chant de *L'Internationale* devient l'âme de cette nouvelle communauté guerrière qui, pour la première fois peut-être dans l'histoire, n'est ni nationale, ni, à proprement parler, religieuse, ni mercenaire. Les bureaucrates du Parti et les officiers d'état-major (la *Junta*) sont présentés avec une pudeur et une discrétion qu'on a pu reprocher à Malraux, dans le très bref chapitre VIII. Dans l'épisode d'Albacete, il ne cite même pas le nom du principal organisateur des Brigades internationales à Albacete, le communiste français André Marty, parfois surnommé le « boucher d'Albacete » pour la férocité dont il faisait preuve à l'égard de tous ceux qu'il soupçonnait d'être des traîtres en puissance. Le seul calcul ou mensonge de ces organisateurs de l'ombre qu'évoque Malraux est une simple rétention d'informations, et, surtout, un « pieux » mensonge : celui de Garcia concernant la cinquième colonne ; l'histoire nous a appris qu'il y en eut pourtant beaucoup d'autres, infiniment moins nobles. En revanche, Malraux évoque longuement le premier combat de deux jeunes soldats disciplinés des Brigades internationales, qui vivent une **fraternité immédiate, physique, simple et pure**, dans l'affrontement élémentaire qui les oppose aux troupes nationalistes. Le choix de ces personnages symboliques, Siry et Kogan, qui ne communiquent entre eux qu'en imitant le sifflement du merle, montre aussi que les moyens romanesques d'évocation de cette fraternité-là doivent être **différents** de ceux qui évoquaient la grande mobilisation de « l'illusion lyrique », ou encore de ceux qui peignaient le sacrifice des anarchistes de Barcelone. Siry et Kogan sont individualisés, nommés (contrairement à la foule des madrilènes que Ramos et Manuel avaient vue sillonner les rues, au début du roman), mais ils sont ordinaires ; simples soldats parmi mille autres semblables, ils ne se soucient que de bien servir leur cause en agissant avec discipline et sans rêver d'aucune action d'éclat – fût-elle exemplaire, comme celles des anarchistes barcelonais. Les désirs d'affrontement chevaleresque ont disparu : **l'épopée semble devoir laisser la place au récit méthodiquement ordonné** (malgré une touche de farfelu : le prise de l'usine de savons par Mercery) des batailles de l'Histoire. Mais dans ce travail de construction patiente et douloureuse, la fraternité reste possible, sans exaltation mais dans une sorte de joie presque sereine : Siry et Kogan en sont l'expression romanesque.

Chapitres VI et VII (pp. 359 à 382)

RÉSUMÉ

Les chapitres VI et VII sont deux des plus célèbres « dialogues philosophiques » de *L'Espoir*. Le premier se tient entre Guernico, écrivain catholique engagé aux côtés des républicains, et Garcia, dans les rues de Madrid où une foule silencieuse s'emploie à dresser méthodiquement des barricades, sous le contrôle d'officiers communistes du 5e régiment. Guernico explique pourquoi il s'est opposé à la réouverture des églises : l'Église espagnole traditionnelle a perdu son âme par sa soumission aux riches et la pratique abrutissante des rites. À l'inverse, les prêtres qui, dans la clandestinité et les persécutions, continuent d'administrer les sacrements, constituent une Église vivante en laquelle Guernico place tous ses espoirs de chrétien.

Le second dialogue met en scène Scali et le père de Jaime Alvear, qu'il est venu inviter à quitter Madrid. Le vieil Alvear, ancien professeur d'histoire de l'art, ancien directeur d'une galerie de tableaux, refuse de partir, au nom des valeurs que sa longue familiarité avec l'art lui a fait découvrir. L'art, sous ses formes les plus hautes, est une réponse suffisante à l'angoisse de la mort ; le vieil Alvear n'espère rien d'une révolution qui n'allégerait la misère matérielle des individus qu'en les soumettant à la dictature et en leur interdisant de chercher en eux-mêmes toute la grandeur dont l'homme est capable. Scali lui oppose que les hommes unis par l'espoir et par l'action accèdent à des domaines auxquels ils n'accéderaient pas seuls, mais il retrouve dans les doutes du vieil homme certaines de ses interrogations personnelles.

COMMENTAIRE

La voix des intellectuels

Il faut, dans l'analyse de cette partie du roman, donner tout leur poids aux **deux grands dialogues** des chapitres VI et VII. Comme tous les grands dialogues philosophiques des romans de Malraux, ceux-ci sont en situation : le décor, les circonstances, l'atmosphère se répercutent sur le comportement et la gestualité des personnages, donnant à leurs paroles un écho particulier.

Guernico, en restant à Madrid, paraît vouloir pratiquer les **formes chrétiennes de la fraternité** : il a découvert, dit-il, non dans l'exaltation de « l'illusion lyrique », mais dans la solidarité tragique qui a accompagné les premières grandes souffrances de la guerre (les grands blessés de la Puerta del Sol, et les femmes venant offrir leur sang pour les transfusions), **le vrai visage du peuple d'Espagne** : « [...] j'ai vu le peuple d'Espagne. Cette guerre est sa guerre, quoi qu'il arrive ; et je resterai avec lui là où il est... Il y a ici deux cent mille ouvriers, qui n'ont pas d'auto pour aller à Valence... » (p. 362). C'est ce même peuple qui entoure Guernico et Garcia marchant la nuit dans les rues de la ville : la volonté des cadres et des techniciens du 5e régiment est en train de lui donner très concrètement, loin de toute comédie et de tout enthousiasme lyrique, l'espoir d'une vie nouvelle : « Dans cette fantasmagorie silencieuse où mourait le vieux Madrid, pour la première fois, au-dessous des drames particuliers, des folies et des rêves, [...] une volonté à l'échelle de la ville entière se levait dans la brume de Madrid presque investie » (p. 364). La conviction de Guernico est que la foi chrétienne doit accompagner et soutenir cette « volonté » qui s'affirme pourtant comme étrangère à elle. L'Église espagnole traditionnelle a perdu son âme à trop vouloir s'identifier à un certain ordre social, légitimant les souffrances qu'il imposait ; les prêtres qui exercent clandestinement leur ministère depuis le début de la guerre civile témoignent qu'il peut exister une Église capable d'être aux côtés de ceux qui souffrent, sans s'appuyer sur aucun ordre social dominant.

Guernico voit au fond dans le christianisme **l'espoir d'une vraie civilisation**, qui ne serait plus sclérosée dans la pratique de rites fétichistes et théâtraux, mais qui ne se réduirait pas non plus à l'organisation méthodique et rationnelle de la vie économique et sociale. C'est aussi parce qu'il craint que toute civilisation vivante ne soit devenue impossible – quelle que soit l'issue de la guerre – que le vieil Alvear s'enferme dans son appartement, tous volets clos, au milieu de ses livres et de ses souvenirs. À ses yeux, l'art a au moins en commun avec le christianisme d'être une des seules réponses dignes que les hommes puissent apporter à l'absurdité de leurs souffrances sur la terre. C'est ce qu'il tente d'expliquer à Scali lorsque ce dernier croit pouvoir affirmer que « l'art est peu de chose en face de la douleur » et que « aucun tableau ne tient en face de taches de sang » (p. 376). Plus que les œuvres, dont l'audience et le succès restent trop déterminés par leur rapport à un auteur et à un certain ordre social, c'est **l'art dans son principe qui intéresse le vieil Alvear**. C'est lui qui témoigne de la vraie grandeur de l'homme, et surtout lorsqu'il se manifeste dans ses formes les moins socialisées : **la poésie et la musique**, qu'Alvear oppose à la « sagesse » véhiculée par « l'art impur » des romanciers et des moralistes (p. 375). C'est **l'homme tout entier, dans son humanité même, que mettent en cause ces arts fondamentaux**, alors que la vie sociale, l'action collective ne mobilisent jamais qu'une part limitée de l'homme : « L'homme n'engage dans une action qu'une part limitée de lui-même ; et plus l'action se prétend totale, plus la part engagée est petite. Vous savez bien que c'est difficile d'être un homme, monsieur Scali – plus difficile que ne le croient les politiques... » (p. 378).

Scali rappelle qu'il ne peut y avoir d'espoir de civilisation nouvelle que dans un **mouvement historique collectif** où « les hommes unis à la fois par l'espoir et par l'action accèdent, comme les hommes unis par l'amour, à des domaines auxquels ils n'accéderaient pas seuls. » Mais Alvear persiste à penser que le mouvement révolutionnaire dans lequel sont engagés son fils et Scali n'est pas celui où sera sauvé ce qu'il y a d'essentiel pour l'homme. Tout ce qui n'appartient qu'à l'Histoire reste superficiel ; l'art travaille à de tout autres profondeurs. « L'âge du fondamental recommence, dit Alvear, [...] **la raison doit être *fondée à nouveau*** » (p. 379) pour que naisse l'espoir d'une véritable civilisation nouvelle, où une société unanime pourra communier autour d'un grand art. Le fascisme, le communisme croient trop à l'économique et au social ; ils méprisent trop la part d'âme humaine que mobilisent les arts fondamentaux pour pouvoir prétendre être porteurs d'un tel espoir.

Ce dialogue, où aucun des deux interlocuteurs n'a le dernier mot, ressemble fort à la **transposition romanesque** de ce que pouvait être la **méditation personnelle de Malraux** vers cette époque. On trouve, certes, dans la bouche de Scali affirmant que la grandeur de l'homme se révèle dans l'action collective, une idée proche de celles qui étaient au cœur de la préface au *Temps du mépris* (1935). Mais la thèse d'Alvear ne tardera pas à se résumer dans la fameuse formule de l'auteur des *Voix du silence* : « L'art est un anti-destin ».

« LE MANZANARES »

II. *Sang de gauche* (pp. 397 à 492)

Cette partie évoque, par une succession de brefs chapitres, le bombardement de Madrid par l'aviation et l'artillerie franquistes, et la défense de la ville par les forces républicaines, enfin unies sous le commandement d'une junte militaire presque entièrement composée de communistes.

Chapitres I à X (pp. 399 à 456)

RÉSUMÉ

Le premier chapitre crée d'emblée une atmosphère tragique en nous faisant partager l'angoisse de Guernico attendant l'arrivée des bombardiers comme celle d'un destin inexorable. La suite du chapitre et le deuxième chapitre nous placent au cœur de la catastrophe. Les informations apportées à Guernico, responsable du service des ambulances, nous apprennent que les premières cibles ont été un hospice de vieillards, un hôpital, les quartiers pauvres. Le point de vue de Ramos, qui accompagne et guide les ambulances sur les lieux, nous permet ensuite de découvrir, en situation, toute l'horreur de telle ou telle scène particulière : agonie pathétique des blessés jetés à la rue, mais aussi exode résigné des paysans réfugiés à Madrid et fuyant vers les quartiers riches. Une observation de Ramos vient alors justifier le titre de la partie (*Sang de gauche*) : anarchistes, communistes, socialistes, républicains sont unis par ces bombardements « au fond fraternel de la mort ».

Le troisième chapitre décale le récit vers la défense active de Madrid, à la Cité universitaire. C'est une guerre de tranchées qui s'y déroule : trois Allemands des Brigades internationales rampent dans la boue au secours d'un de leurs camarades, blessé.

Le chapitre IV nous ramène au centre de la ville, où Shade est écœuré de devoir chercher du pittoresque ou du tragique au milieu de tant d'êtres réduits à un désespoir proche de la folie.

Nouveau décalage vers la défense active au chapitre V : Manuel mène une vaste bataille dans la sierra de Guadarrama. Des deux côtés, l'artillerie et les chars de combat sont engagés ; grâce à leur ténacité, à leur discipline, mais aussi à leurs armes modernes, les républicains parviennent à repousser l'attaque fasciste. Manuel et son commissaire politique, Gartner, se distinguent en outre par la rapidité avec laquelle ils repèrent et neutralisent une trahison organisée par des phalangistes infiltrés parmi d'anciens anarchistes.

Les cinq chapitres suivants sont à nouveau consacrés à la ville de Madrid, proie de gigantesques incendies renouvelés par d'incessants bombardements. Sur le devant de la scène apparaissent successivement Moreno, Lopez, Garcia et Shade. Moreno, dans la discussion qui l'oppose à un compagnon défaitiste, se trouve dans la situation qu'occupait face à lui Hernandez, à Tolède ; sa leçon de courage, très différente de celle de Hernandez, se réfère à une sorte de mystique de la fraternité guerrière dans la mort. Lopez consacre toute son énergie à la protection des œuvres d'art. Garcia, ayant réuni au Central*, particulièrement visé par les bombardements, les journalistes de la presse internationale, leur révèle que les fascistes avaient prévu de longue date de répandre méthodiquement la terreur parmi la population civile. Il reçoit ensuite le docteur Neubourg, qui lui raconte comment le célèbre philosophe Miguel de Unamuno a été chassé de l'université de Salamanque par le général franquiste Millan Astray, aux cris de « À mort l'intelligence, vive la mort ! » Shade, enfin, dicte au téléphone un article où il évoque la dignité du peuple de Madrid martyrisé ; il le conclut en adressant cette exhortation à ses compatriotes américains : « Ou bien disons aux fascistes : hors d'ici, sinon vous allez nous y rencontrer ! – et la même phrase le lendemain aux communistes, si besoin est. / Ou bien disons une bonne fois : À bas l'Europe. »

COMMENTAIRE

Le récit et son message

Cette partie du roman est l'une de celles **où la trame narrative est le moins perceptible** : elle tend à disparaître derrière le spectacle sans cesse renouvelé des incendies et de quelques scènes de guerre à l'autonomie fortement marquée (bataille de Guadarrama et combats de la Cité universitaire). On la discerne cependant chaque fois que l'accent est mis sur ce qui, au cœur de ces moments tragiques, est **porteur d'espoir**. Dans la construction méthodique des barricades, dans l'organisation de services d'ambulances (Guernico), de lutte contre l'incendie (Mercery) ou de protection des œuvres d'art (Lopez), dans l'action à la fois enthousiaste et parfaitement disciplinée des jeunes volontaires des Brigades internationales (Maringaud), dans la confiance que Manuel, à la bataille de Guadarrama, place en des troupes bien armées et bien entraînées, enfin dans l'utilisation de chacun au mieux de ses compétences (aux exemples de Guernico, Mercery et Lopez, il faudrait ajouter ceux de Pepe, du Négus et de Gonzalès, et même de Shade et de Garcia), on découvre l'évolution positive qui est en train de transformer « l'Apocalypse de la fraternité » en une nouvelle fraternité, moins immédiate, moins exaltée, plus grave aussi à cause des sacrifices tragiques qu'elle suppose, mais infiniment plus soucieuse de construire l'avenir, et, d'abord, de remporter la victoire. Après « les vacances de la vie », où ils ont cru pouvoir « vivre selon leur cœur », les révolutionnaires espagnols réintègrent le cours de l'Histoire, en admettant avec humilité toutes les contraintes et tous les retards que ce grand récit impose aux violents désirs des hommes. Les bulletins de victoire sur lesquels s'achève cette partie sont bien la conclusion – provisoire – d'un récit : ils montrent que les épreuves traversées ont été une étape, dans une évolution qui doit encore se poursuivre. Ce n'est pas un hasard, bien sûr, si disparaissent, à l'issue de cette étape, les personnages qui étaient les plus attachés aux thèses anarchistes : Mercery et le Négus, au profit, en quelque sorte, d'un personnage comme Maringaud, que nous retrouverons dans la dernière partie du roman.

Même si cette évolution, qui va de « l'Apocalypse de la fraternité » à « l'Espoir », apparaît comme une nécessité historique, elle ne laisse pas de **semer le trouble dans les consciences des individus** que nous suivons depuis le début du roman : **Manuel, Scali, Garcia**. L'accumulation des scènes d'horreur pendant les bombardements tend, certes, à justifier le sacrifice de quelques principes éthiques ou de quelques grandes valeurs de civilisation au service de la cause anti-fasciste : pour lutter contre le déchaînement de la barbarie, il faut devenir quelque peu barbare soi-même. Mais Scali, Manuel et Garcia, ainsi que Shade, craignent visiblement ce que l'on oppose à la barbarie fasciste, et certaines paroles des combattants viennent donner du poids à leurs inquié-tudes. Le funèbre mysticisme de la fraternité professé par Moreno, par exemple (cf. chapitre VI), rappelle étrangement le : « À mort l'intelligence, vive la mort ! » lancé à Unamuno par le général Millan Astray ; et les dernières paroles de Hein-rich à Manuel : « Maintenant, tu ne dois plus *jamais* avoir pitié d'un homme perdu » (p. 483) sont propres à susciter l'effroi plutôt que l'espoir. C'est bien, d'ailleurs, contre toutes les barbaries qu'il aperçoit en Europe, déchaînées ou latentes, que Shade entend prévenir ses compatriotes américains dans l'article qu'il leur adresse (cf. chapitre X). En même temps qu'elle évoque la **renaissance d'un espoir collectif**, cette partie suggère donc que cette renaissance, avec tous ses renoncements, est aussi une **tragédie pour les consciences individuelles** en qui s'incarne l'humanité universelle.

Journalisme et roman

Sang de gauche est certainement la partie du livre où **l'écri-ture romanesque se rapproche le plus de l'écriture jour-nalistique**. On a, par exemple, observé que Malraux se contente ici, plus d'une fois, de citer ou de reproduire des articles ou communiqués réellement publiés dans la presse de l'époque. Ce n'est pas là paresse de romancier, mais **pratique délibérée d'une esthétique romanesque**, dont Malraux, à la fin des années trente, n'est pas le seul adepte. Cette esthé-tique se présente alors comme celle du roman moderne : tout roman qui vise à convaincre, en quelque façon, son lecteur, ne doit lui **présenter que des faits**, car le lecteur moderne est insensible aux images poétiques qui tireraient leur force (comme c'est encore le cas chez Chateaubriand, par exemple) de leur référence à un monde idéal, à un ordre surnaturel, à un quelconque au-delà du monde des faits. Pour attester de faits tels que ceux qui sont évoqués dans *L'Espoir*, le roman-cier ne dispose d'abord que de la caution des journalistes, nul historien n'ayant encore eu le temps d'écrire l'histoire de cette guerre. L'**insertion d'articles de journaux** que le lecteur du roman peut reconnaître, mais qui ne se distinguent par ailleurs en rien (ni par l'écriture, ni par la vraisemblance) de ce qui vient du seul romancier, est une garantie d'authenticité apportée à l'ensemble de la narration romanesque.

Mais le lecteur avide de faits n'en est pas moins, en ce monde, **avide d'émotions**. Cette esthétique romanesque repose donc aussi sur l'illusion, ou le contrat de lecture qui veut que les événements évoqués par le romancier soient par eux-mêmes tellement extraordinaires que le compte rendu le plus simple et le plus fidèle suffit pour produire ces **effets de tragique, de pathétique ou de pittoresque** qui ne sont, ordinairement, que des effets de l'art. En de telles circonstances, pense le lecteur, l'art du romancier ne peut que rejoindre le travail du journaliste : il faut une écriture qui colle aux faits.

Dans le cadre d'un roman, pourtant, cette écriture journalistique n'est, naturellement, pas plus fidèle aux faits qu'une autre. Elle vise seulement à donner **l'impression de l'objectivité en effaçant les traces de la subjectivité narrative** dans les images et les scènes présentées, et en laissant croire que le romancier, loin de se livrer à un travail de montage de type cinématographique, se contente de suivre les observations faites par ses personnages au hasard de leurs déambulations dans la ville ou, mieux encore, au hasard des explosions d'obus, bombes ou torpilles attirant chaque fois leur attention vers le spectacle de quelque atrocité. Chaque personnage se voit, en des lieux divers, confier un rôle de témoin. L'écriture suit alors le rythme du bombardement, sans progression, sans issue envisageable, limitée à l'inlassable répétition de souffrances, chaque fois différentes dans leurs manifestations extérieures, mais toujours inhumaines, absurdes, injustifiables. Elle limite son champ à celui des bombardements : Madrid n'est plus alors qu'un tapis de bombes, un univers tout entier composé de destructions incessantes et de ruines.

Faudrait-il donc accuser cette écriture romanesque de ne chercher dans l'imitation du modèle journalistique que l'illusion nécessaire à l'émotion du lecteur moderne ? Le journaliste de *L'Espoir*, Shade, met plutôt en cause l'écriture journalis-

tique elle-même, en l'accusant d'être elle aussi, en réalité, romanesque, alors qu'elle prétend justement s'interdire de l'être.
« Shade était là pour chercher du pittoresque ou du tragique,
mais son métier lui répugnait : le pittoresque était dérisoire, et
rien n'était plus tragique que le banal [...] » (p. 414). C'est dire
que les journalistes d'alors étaient invités à fournir à leurs lecteurs des émotions qui relevaient traditionnellement de l'art
du roman. C'est aussi, il faut le reconnaître, porter la critique
contre un roman qui, comme *L'Espoir*, semble parier, dans
l'évocation de ces scènes de bombardement, sur le goût de son
lecteur pour un mélange de tragique et de pittoresque pourvoyeur d'émotions fortes. Cette mise en abyme de Shade peut
être lue comme une sévère autocritique.

Du pittoresque et du tragique

On trouve, de fait, dans ces pages de *Sang de gauche*, et
particulièrement dans le chapitre où Shade rassemble ses premières observations (chapitre IV), un **bariolage** violemment
contrasté **de toutes les variétés de l'extraordinaire, depuis
l'atroce jusqu'au cocasse, en passant par l'horrible et le
pathétique**. **Atroce** ce paquet qu'on se passe de main en
main sur un amas de ruines et dans lequel une femme finit par
reconnaître un cadavre d'enfant (p. 413) – scène qui vient
juste après l'image, pathétique mais aussi **cocasse**, d'un
réveille-matin qui se met à sonner au-dessus d'un lit couvert
de sang, dans une maison éventrée par les bombes. **Atroces**,
également, la petite fille à la mâchoire emportée, l'enfant sans
tête qu'une femme serre dans ses bras (p. 442), ou encore ces
« longues traces de sang d'animal poursuivi laissées sur des
trottoirs et sur les murs par les blessés du Palace » – image
qui côtoie celle, bien plus **farfelue** que tragique, d'« un âne
dont on n'avait retrouvé que les sabots » (p. 417). **Presque
burlesques**, enfin, sont, dans le même chapitre, ces « vieillards,
réfugiés sous leur lit contre le bombardement, à demi fous, et
qui ne voulaient pas lâcher les pieds de fer. » (p. 416). Quelques
pages plus loin, dans le café de la Granja où Moreno est atta-
blé, la réclame de vermouth qui lui tombe sur le dos « coupant
son sourire comme s'il eût été pris avec une main » et les
« nez » qui, à peine sortis du sous-sol, « replongent », sont
d'une poésie proprement **farfelue**, alors que l'image qui vient
ensuite – celle du blessé coincé dans le battant de la porte et

tapant des poings sur la vitre à demi brisée, jusqu'à ce qu'il tombe mort est simplement **horrible** (p. 436).

On pourrait reconnaître dans ces contrastes déroutants l'influence d'une **esthétique surréaliste**, ou celle du **goût romantique** (et plus particulièrement hugolien) **pour le mélange des genres et des tons**. Dans tous les cas on a affaire à une **esthétique de la discordance ou de la surprise**, qui présente volontiers des images en décalage par rapport au contexte général du récit, ou qui en diffère l'explication, leur laissant quelques instants leur étrangeté de simples « choses vues », incongrues, saugrenues. L'exemple le plus net de cette dernière figure est la gesticulation apparemment grotesque de Lopez, notée à la fin du chapitre VII : « Plus loin, au coin de deux rues, un autobus attendait. Lopez s'arrêta, haletant pour la première fois depuis qu'il était sorti. Il s'agita comme un fou, lança comme une pierre la cage avec son canari, cria : "Descendez !" Des gens de l'autobus le regardèrent s'agiter, semblable à cent autres fous dans cent autres rues. Lopez se jeta par terre, l'autobus sauta » (p. 440).

Cette forme d'écriture est cependant assez **étroitement liée à l'épisode du bombardement de Madrid** ; elle est beaucoup plus discrète dans les autres parties du roman, et c'est donc par rapport à cette situation particulière qu'il faut lui donner une signification. La situation du peuple de Madrid est proprement tragique ; il a perdu toute maîtrise de son destin, il est abandonné aux forces du chaos, aux coups d'une mort violente, souvent atroce, sans rituel, et qui frappe au hasard. Le spectacle des incendies, si souvent rappelé dans ces pages, figure le mouvement fascinant mais désordonné, imprévisible, insaisissable et sans cesse renaissant, de ces forces de la mort. L'épouvante de la foule, constate Moreno, est de celles que suscitent les grands cataclysmes : « [...] la foule n'était pas prise par la peur des fascistes, mais par l'épouvante d'un cataclysme ; car la question de "se rendre" ne se posait pas plus que celle de se rendre à un tremblement de terre » (p. 432). Dans cette situation tragique, toute la théâtralité dans laquelle s'étaient complu les anarchistes de Tolède est devenue impossible : les hommes ne maîtrisent plus assez leur destin pour agir : ils ont *a fortiori* perdu toute possibilité de donner leur action en spectacle. Si spectacle il y a, il ne peut être lui-même que fortuit, imposé par le destin, ou le hasard, non par les hommes. Un spectacle, dans cette situation, n'est rien de plus qu'un événement parmi d'autres, tout aussi surprenant ou fascinant que mille autres. Rien ne distingue plus ce spectacle aléatoire de la simple vie ; seul demeure un constant sentiment de discordance entre des éléments se succédant de manière chaotique. C'est alors que **l'écriture farfelue** – écriture de la discordance et de la surprise – **paraît la seule écriture tragique possible**. Elle seule rend compte, en effet, de cet effarement perpétuel devant l'insoutenable, de la surprise érigée en mode de vie ordinaire. Ce n'est pas un hasard si l'évocation de l'incendie de Madrid rappelle parfois aux lecteurs de Malraux certaines pages du *Royaume farfelu* qu'il publia en 1928.

Chapitres XI à XVII (pp. 457 à 492)

RÉSUMÉ

Dans un des chapitres les plus brefs du roman (chapitre XI) nous retrouvons Manuel faisant l'expérience des tragiques nécessités que lui impose son rôle de chef de guerre : deux engagés volontaires, condamnés à mort par le conseil de guerre pour avoir fui devant l'attaque fasciste, viennent le supplier de les épargner ; mais ils s'aperçoivent avec désespoir que Manuel n'a « plus de voix » pour eux.

Les deux chapitres suivants nous ramènent dans les rues de Madrid, pour une discussion entre Scali et Garcia d'abord, puis pour une scène où Mercery, redevenu, comme Lopez, pleinement lui-même, meurt en héroïque capitaine des pompiers, mitraillé par un avion fasciste. La discussion entre Scali et Garcia porte sur le rôle des intellectuels dans la guerre. Scali, devenu, auprès de Garcia, l'avocat des idées d'Alvear, voudrait que l'intellectuel se définisse toujours et en tout par sa fidélité aux valeurs de justice et de vérité. Position aujourd'hui intenable, dit Garcia, qui pense que les intellectuels, évincés de leurs fonctions de clercs guidant le peuple par les régimes totalitaires, doivent néanmoins agir même s'ils ne peuvent le faire qu'avec une conscience tragique.

Les trois chapitres suivants sont dominés par le personnage de Manuel, dont la transformation en parfait chef de guerre s'accélère. Le moment le plus significatif est celui où, assistant au défilé de son régiment, il s'aperçoit que les regards tragiquement fraternels que ses hommes dirigent vers lui, assument tout autant que lui la responsabilité d'avoir sacrifié injustement des hommes de bonne volonté. Manuel ressent cependant encore la nécessité d'aller demander l'absolution à son père spirituel, Ximénès, qui lui laisse entendre que ces problèmes de conscience ne peuvent se poser dans les mêmes termes pour un chrétien et pour un communiste ; un peu plus loin, l'autre père de Manuel dans la carrière des armes, Heinrich, entérine en termes tout militaires la transformation du jeune homme vaguement idéaliste en général communiste victorieux.

Le dernier chapitre nous ramène à la Cité universitaire pour nous présenter, en deux volets, le portrait d'un jeune combattant français des Brigades internationales, Maringaud, défendant avec acharnement le dernier étage d'une maison ; puis celui du Négus, qui, en compagnie du *dynamitero* Gonzalès, a décidé de mettre tout son courage au service de la défense de Madrid. Son action héroïque, dans une contre-mine, sauve de la destruction la maison défendue par Maringaud, et l'attaque des franquistes contre la Cité universitaire est finalement repoussée. Cette victoire, comme l'arrivée, dans le ciel de Madrid, des avions russes qui font fuir les bombardiers fascistes, est porteuse d'un espoir, bientôt conforté par l'annonce des succès enregistrés par les républicains tout autour de Madrid. Ainsi est justifié le titre de la troisième et dernière partie du roman : « L'espoir ».

COMMENTAIRE

Les intellectuels et la barbarie : rêves totalitaires et fraternité tragique

Les intellectuels, sous les bombes, sont soumis à la même barbarie aveugle que le peuple de Madrid auquel ils ont lié leur destin. Mais Garcia, Scali ou Shade semblent vouloir s'exposer au danger plus que les autres, puisqu'ils prennent pour point de ralliement ce Central téléphonique particulièrement visé par les fascistes. Il y a là une attitude qui les distingue d'un Manuel qui, maître de son action et soucieux d'efficacité à long terme, a demandé à ses officiers « de ne pas aller chanter l'*Internationale* à la tête des troupes » (p. 418 et p. 422), consigne qu'il est, naturellement, le premier à respecter. Dans l'impuissance totale où ils se trouvent, ce **mépris ostensible du danger** est la seule façon qui s'offre à eux d'assumer devant le peuple de Madrid et devant l'opinion internationale leur rôle de responsables ; lorsqu'il réunira son état-major dans une villa elle aussi bombardée (chapitre XIV), Manuel lui-même manifestera d'ailleurs ce même mépris du danger. On peut cependant se demander si l'attitude de Scali, de Garcia ou de Shade n'est pas le signe d'un désespoir plus profond que celui de ne pas pouvoir répondre par la force à la barbarie fasciste. Ils pressentent, en effet, que cette réponse ne saurait être qu'une autre barbarie, et ne voient aucune façon de sortir de cette alternative tragique. Le drame de leurs consciences se trouve exposé, pour l'essentiel, dans la discussion entre Garcia et Scali (chapitre XII).

Le commencement de la barbarie, dit Scali, est, dans les régimes totalitaires, la **confiscation de l'influence des intellectuels par les chefs politiques**. Chercher une sagesse ou un art de vivre chez les écrivains, les philosophes ou les artistes, c'était montrer que la civilisation ne se réduisait pas à la recherche de la plus grande rationalité économique et sociale non plus qu'à celle de la plus grande puissance politique, qu'il s'agisse de celle d'un pays (nationalisme) ou de celle d'une classe sociale (communisme). Les intellectuels ont pourtant une **lourde part de responsabilité** dans l'avènement des régimes totalitaires : au lieu de se contenter, en effet, d'analyser et d'expliquer les actions humaines, les mouvements des sociétés, les évolutions historiques, etc., comme le leur recommande encore Garcia (pp. 463-464), ils ont été eux-mêmes rendus « fous », constate Scali, par « l'idée fameuse et absurde de totalité » (p. 465) ; en d'autres termes, ils ont été les premiers à vouloir représenter la civilisation comme une totalité, un système cohérent, dont on pouvait contrôler les mécanismes. Et ce désir n'est autre que la transposition au plan intellectuel du vieux rêve de fraternité qui anime tous les hommes. À l'intérieur du petit clergé qu'ils constituaient encore naguère, ce goût pour la réduction des civilisations en systèmes ne pouvait pas avoir de conséquence grave car il s'accompagnait toujours, « dans tous les pays » et « dans tous les partis », dit Garcia (p. 463), d'un goût très vif pour les dissidents, les exclus : « Adler contre Freud, Sorel contre Marx » dit encore Garcia (p. 463). Mais, sortis des limites de leur clergé, ces intellectuels constructeurs de systèmes ont fourni aux partis et aux hommes politiques – guides messianiques inspirés ou simples apprentis dictateurs – la caution dont ils avaient besoin pour mettre tout un peuple ou toute une classe au service d'une idéologie conquérante, en exploitant leur soif de fraternité. C'est très exactement ce qu'un philosophe ami de Malraux, Julien Benda, appelait, en 1927, dans le livre éponyme, « **la trahison des clercs** ». Scali et Garcia apparaissent ici comme des intellectuels en train de prendre conscience de la dimension tragique de cette « trahison » : les clercs ne sont plus considérés aujourd'hui que comme des « forces » purement politiques, des forces « d'approbation » ou de « protestation » ; ils sont entrés, d'eux-mêmes, dans la barbarie contre laquelle ils constituaient, naguère encore, l'ultime recours. Scali, déjà ébranlé par son entretien avec le vieil Alvear, est décidé à refuser toute adhésion à un système totalitaire ; Garcia fait encore le pari que la gauche espagnole restera le parti de la civilisation contre celui de la barbarie, et qu'elle aura la force de résister à la tentation d'une barbarie qui lui assurerait peut-être la victoire militaire. Mais cela suppose que le véritable intellectuel, à l'époque moderne, soit celui qui vit comme une tragédie les conflits entre éthique et politique, et non celui qui croit pouvoir les dépasser dans les vastes synthèses d'une pensée totalisante.

Dans la perspective ainsi tracée, Manuel incarne tous les espoirs de cette gauche. Il garde, en effet, au cœur de son action militaire la plus efficace et la plus déterminée, **cette conscience tragique qui est l'ultime garantie de la civilisation**. Mieux encore, il a le sentiment de la partager avec tout le régiment qu'il a formé, dirigé et conduit jusqu'à la victoire : la fraternité qui unit tous ses hommes entre eux et à lui-même n'a plus rien de l'exaltation naïve et dangereuse de « l'illusion lyrique », elle est tragique puisque fondée en partie sur le sacrifice d'innocents (les suppliants). On ne peut cependant se défendre d'apercevoir une sourde et étrange menace de barbarie dans ce sacrifice qui prend par ailleurs une valeur presque magique, expiatoire (il est rappelé, au chapitre précédent, que les juges les plus sévères ont été les fuyards de Tolède). La dernière phrase du chapitre XV est, à cet égard, particulièrement inquiétante : « Manuel croisait, les uns après les autres, ces regards qui concluaient avec lui l'alliance du sang. », mais la visite à Ximénès et les questions posées à Heinrich lui-même (au chapitre XVI), viennent rappeler que l'angoisse de Manuel est encore vivace : et c'est précisément dans cette angoisse que réside l'espoir de triompher un jour de la barbarie.

TROISIÈME PARTIE

« L'ESPOIR » (pp. 493 à 590)

Chapitre I (pp. 495 à 514)
et chapitre III (524 à 562)

RÉSUMÉ

Nous sommes le 8 février 1937. Malaga vient d'être prise par les nationalistes qui, par ailleurs, attaquent sur la Jarama, au nord-est de Madrid. À Valence, au ministère de l'Air, Vargas confie à Magnin deux missions pour son escadrille : Sembrano devra bombarder les colonnes motorisées qui poursuivent l'immense foule de Malaga en fuite vers Almeria, tandis que Magnin lui-même se chargera d'une mission sur le front de Teruel. Avant que ne commence le récit de la première mission, nous retrouvons quelques aviateurs confrontant leurs expériences et leurs opinions, sur fond de fête foraine : c'est l'occasion d'un inquiétant portrait de Karlitch en pur « guerrier », vu par Scali ; mais la scène se termine dans la liesse car on s'aperçoit que Jaime commence à recouvrer la vue.

Après avoir anéanti une colonne motorisée italo-espagnole sur la route d'Almeria, l'avion de Sembrano est attaqué par des chasseurs ennemis et s'échoue dans la mer, à proximité de la route côtière par laquelle fuient les habitants de Malaga. Attignies, moins grièvement blessé que les autres, parvient à se faire prendre sur une charrette, trouve une auto et un médecin envoyés au secours des aviateurs, et, après mille difficultés et quelques incidents tragi-comiques, gagne enfin, avec tout l'équipage de l'avion, un hôpital presque entièrement déserté.

Le lendemain de la prise du palais Ibarra à Guadalajara, Magnin reçoit un paysan, envoyé par Garcia, qui dit avoir repéré un des champs d'aviation clandestins des fascistes, et pouvoir guider Magnin vers cette cible s'il le prend avec lui dans son avion. Après avoir obtenu, auprès des comités de villages, quelques autos qui, en balisant le terrain de leurs phares, lui permettent de décoller de nuit, Magnin, accompagné de deux autres avions, parvient au petit matin, au-dessus de la région signalée. Le paysan, d'abord ne reconnaît rien du paysage qui lui est familier, puis, brusquement, montre à Magnin le bois qui dissimule les avions. Le bombardement est réussi, mais, sur le chemin du retour, les trois avions sont pris en chasse par des avions ennemis, qui concentrent leurs attaques sur l'avion de Gardet. Il ira s'écraser dans la montagne enneigée, tandis que les deux autres multiplaces, ayant dû leur salut à l'arrivée de la chasse républicaine, pourront regagner leur base. À peine arrivé, Magnin, parvient à retrouver la trace de l'équipage : il compte un mort, quatre blessés graves, mais a été recueilli dans un petit hameau de montagne, Valdelinares. Magnin gagne alors le village de Linares, dont dépend le hameau, et, entouré par des paysans fraternels, organise l'expédition de secours qui permettra de descendre les aviateurs vers Linares, puis vers les hôpitaux. Sur les étroits chemins de montagne, pendant tout le temps que dure la marche solennelle et primitive, Magnin éprouve pleinement la profonde fraternité qui unit les paysans aux aviateurs, et s'aperçoit que tous les sacrifices acceptés par ces hommes sont à la mesure du sentiment d'éternité qui se dégage de la nature impérieuse et sauvage où se déploie leur cortège. Magnin ne rentre à sa base que pour apprendre de Vargas qu'une bataille décisive se livre à Guadalajara, où doit être engagé tout ce qu'il reste d'aviation républicaine.

COMMENTAIRE

En marge de l'ordre des « guerriers »

Malgré l'importance donnée à Manuel dans les deux derniers chapitres et les quelques aperçus sur la bataille épique de Guadalajara, cette dernière partie est surtout consacrée aux **aviateurs** et, plus particulièrement, à leurs **relations avec les paysans** – on sait par le manuscrit que Malraux avait d'abord voulu intituler cette partie : « Les paysans ». Les aviateurs de l'escadrille de Magnin sont restés, nous l'avons vu, largement étrangers à la problématique de la transformation de la lutte héroïque en guerre méthodiquement organisée : c'est à peine si l'on aperçoit, dans le livre, les avions modernes (les fameux « avions russes », plusieurs fois annoncés) qui devraient remplacer les appareils délabrés de Magnin. Et l'on ne voit à aucun moment les communistes de l'escadrille exercer en quelque façon l'autorité et les responsabilités que Magnin leur a confiées au moment où il a chassé les mercenaires. La vie des aviateurs, qui ne pensent qu'à utiliser au mieux les faibles moyens dont ils disposent, est faite d'abnégation, de générosité et d'héroïsme ; ils n'obéissent, en fait, qu'à Magnin, qui n'obéit lui-même qu'à Vargas – dont tous les ordres sont présentés comme dictés par la plus urgente nécessité. Au demeurant, le narrateur prend soin de préciser, dès le début du premier chapitre, que ces deux personnages n'ont guère été affectés par les transformations qui ont frappé les autres acteurs de la guerre : « Les ministres n'étaient plus les mêmes, les combattants portaient un uniforme. Franco avait failli prendre Madrid, l'armée populaire se constituait ; mais la guerre était toujours la guerre, et, si tant d'hommes avaient trouvé la mort et tant d'autres leur destin, ni Vargas ni Magnin n'avaient beaucoup changé » (p. 495). On comprend cependant, à quelques indices, que non seulement « l'époque pélicane est terminée » (comme on peut le lire p. 496), mais que la vie même de l'escadrille internationale touche à sa fin : les appareils, de plus en plus délabrés, sont abattus par la chasse ennemie, les équipages sont décimés, et l'on doit noter que, pour la première fois, « le commandant espagnol qui dirig[e] le champ avec Magnin [est] un chef impossible » (p. 497), « une andouille-maison », insiste Pol – détail qui semble être la transposition des difficultés réellement rencontrées par Malraux dans ses relations avec les nouveaux officiers communistes de l'armée de l'air espagnole (Hidalgo de Cisneros, en particulier), très hostiles à l'escadrille *André Malraux*. Au chapitre IV, Magnin et son Orion appartiennent à une « flotte du passé » (p. 571) ; après avoir largué toutes ses bombes, « l'Orion titubant » cesse de combattre et « rest[e] là, ballotté, luttant contre cette nuit qui avançait contre le destin de l'Espagne » (p. 572), dérisoire et apparemment oublié derrière « l'immense barre de l'aviation militaire » espagnole. Et le lecteur ne peut faire ici l'économie de sa connaissance, au moins approximative, de la réalité historique et biographique : il sait que l'aventure de l'escadrille *André Malraux* ne dura pas au-delà de février 1937, Malraux lui-même ayant quitté l'Espagne en janvier.

Toutes les inquiétudes suscitées ailleurs par la militarisation croissante des forces républicaines et leur soumission à la discipline d'un parti semblent ici concentrées sur **Karlitch** comme si ce personnage, chez qui « servir » est « une passion » (p. 500), n'était composé que des traits par lesquels les républicains, sous la contrainte de la guerre, deviennent semblables à leurs ennemis fascistes. En Karlitch, « Scali rencontrait une fois de plus ce qui l'inquiétait depuis deux mois : ce que les techniciens de la guerre appelaient les guerriers. Scali aimait les combattants, se méfiait des militaires et détestait les guerriers. Karlitch, c'était trop simple, mais les autres ?... Et, chez Franco, il y en avait aussi des milliers comme ça » (pp. 500-501). Les « guerriers », de toute évidence, n'ont pas leur place dans l'escadrille de Magnin ; aussi apprendrons-nous, au chapitre IV (p. 571), que Karlitch est « enfin » devenu, à Guadalajara, « chef de section de chars » et qu'il manœuvre parmi ces tanks républicains qui attaquent « avec un ordre d'exercice sur la Place rouge ».

Aviateurs et paysans

Les paysans aussi restent en dehors de l'ordre guerrier. « L'Apocalypse de la fraternité » n'avait pas pris, chez eux, la même dimension qu'à Madrid ou à Tolède, comme l'avait bien montré l'épisode de l'attaque des batteries fascistes dans la Sierra (chapitre II de « L'illusion lyrique »), et surtout, elle n'avait pas connu les mêmes dérives théâtrales. Les paysans n'ont guère le souci de se donner en exemple, encore moins en spectacle ; ils ne croient guère à la valeur d'entraînement du « beau geste ». De ce fait, ils resteront étrangers, sinon à l'organisation, du moins à la militarisation de la lutte ; chez eux, le sens des réalités n'a jamais fait défaut et, chez eux, **la fraternité restera une réalité vécue**, non un idéal repoussé vers un horizon lointain pour des raisons d'efficacité. Dans le dénuement où ils se trouvent, c'est la fraternité qui reste le meilleur garant de l'efficacité.

Certes, il était sans doute significatif que, lors de la bataille de Guadarrama déjà (chapitre V de « Sang de gauche », p. 426), les petits murs de pierre délimitant les champs – symbole, dans le roman, de la dignité paysanne – fussent aussi ce qui permettait aux soldats disciplinés de Manuel de briser les assauts des fascistes. Sur ce point précis, le souci d'efficacité s'alliait merveilleusement avec celui de la conquête de la dignité. Au chapitre IV de cette dernière partie (« L'espoir »), Magnin, assistant du haut de son Orion à la bataille de Guadalajara, est encore le témoin de cette alliance lorsqu'il contemple ces « petits murs de pierre » semblables à ceux, « tout neufs, qu'ils avaient vus dans le Teruel et dans le Sud, trapus et courts, encore menacés, entre les anciennes traces immenses [*des grandes pro-*

priétés]. Il se souvenait des terres en friche, que les ouvriers agricoles goitreux de misère n'avaient pas le droit de cultiver... Les paysans rageurs qui combattaient sous lui combattaient pour élever ces petits murs, la première condition de leur dignité » (p. 571). Ainsi se trouve assez clairement signalée la cohérence entre les différentes directives du Parti communiste, favorable, en Espagne, à la petite propriété aussi bien qu'à l'organisation d'une force armée disciplinée et efficace. Mais ce qui intéresse alors Magnin, c'est bien moins cette cohérence politique que la redécouverte de « la vieille lutte », « simple et fondamentale », « de celui qui cultive contre le possesseur héréditaire ». Magnin retrouve ici, « au-delà du vocabulaire des villes », dit-il, une sorte de « **raison paysanne** », qui pourrait bien être un trait de cet « **homme fondamental** » **évoqué par Scali et le vieil Alvear** ; le sens de la fraternité, d'une fraternité simple et immédiate, en situation, sans phrases ni comédie, en serait un autre trait. Ce sont les paysans qui intéressent désormais Magnin (et Malraux ?), bien plus que la politique : « Les paysans l'obsédaient, lit-on au chapitre v (p. 584) : celui que Garcia lui avait envoyé, ceux à qui il demandait des autos dans les villages, ceux de toute la descente des montagnes, ceux qu'il avait vus combattre sous lui la veille ». C'est donc à cette découverte réciproque des paysans et des aviateurs que se résume, pour l'essentiel, la dernière partie du roman ; c'est la rencontre – prévisible – de ceux qui, étant restés en marge de l'Histoire, peuvent se retrouver dans le « fondamental ».

« L'âge du fondamental recommence »

Les premières scènes de ces retrouvailles sont vécues non par Magnin, mais par **Attignies et l'équipage de l'avion** échoué près de la côte de Malaga. C'est « une foule misérable, ouvrière parfois, paysanne presque toujours » (p. 509) qui accueille, non sans quelque méfiance préalable (« Attignies ressemblait trop à l'idée qu'un paysan de Malaga peut se faire d'un pilote allemand », p. 506), Attignies, hissé sur une charrette puis sur un âne, sans que personne ait posé de questions, sans qu'il ait dit un seul mot. Dans cette foule, « pas de conversations : des cris et le silence ». Attignies, commissaire politique, n'éprouvera certes pas le même intérêt que Magnin pour cette rude fraternité « fondamentale », et même lorsqu'un vieux paysan, tenant un enfant dans ses bras et installé sur une aile de la voiture, agrippera la main de Pol, installé sur l'autre aile, et qu'Attignies ne pourra en détacher ses yeux, c'est seulement au médecin présent dans l'auto que seront attribués par le narrateur les sentiments que devrait éprouver aussi bien Attignies. Pourtant, plongé dans l'étrange caravansérail d'ombres réfugiées dans le tunnel, Attignies, fiévreux, connaît un état qui paraît bien plus profond que tout ce qui a pu fonder, jusque-là, son action politique : « [...] tout ce qui avait été la vie se diluait comme des souvenirs misérables dans une torpeur profonde et morne [...] et le commissaire politique glissait, immobile et sans poids, bien au-delà de la mort, à travers un grand fleuve de sommeil » (pp. 509-510). Attignies est donc encore trop engagé dans l'action, dans l'Histoire, pour pouvoir retrouver pleinement les paysans dans le « fondamental » ; le narrateur suggère cependant qu'il vit parmi eux, en même temps qu'eux, sinon avec eux, une expérience dont sa vision politique de l'Histoire ne peut rendre compte.

Magnin découvre d'abord toute la **profonde simplicité de la fraternité paysanne** dans la confiance immédiate que lui témoigne le paysan envoyé par Garcia lorsqu'il demande à l'accompagner dans l'avion ; le paysan ignore sans doute que c'est le lieu où les aviateurs vivent la fraternité la plus intense, mais il sait que ce qu'il décide de faire au nom de l'efficacité (c'est le seul moyen de repérer le terrain d'aviation clandestin) le lie à eux au péril de sa vie. Il faut ensuite que Magnin rencontre, sur la route qui le conduit à la base, un paysan ployé sous un lourd fardeau (p. 529) pour qu'il prenne conscience des sacrifices et du surcroît de labeur que représente pour les comités de village le prêt de leurs voitures. Aucun paysan n'avait jugé bon de lui présenter de telles objections lorsqu'il avait demandé les voitures : la fraternité paysanne ne sait pas se mettre en valeur, elle ne se monnaie pas, elle est seulement vécue comme une nécessité profonde de la lutte. C'est ensuite, bien sûr, le mélange d'affection et de respect dont les habitants de Linares entourent les aviateurs blessés, et plus encore, peut-être, la solennité qu'ils donnent à leur marche dans la montagne, qui achève de le convaincre que les justifications les plus profondes de son combat seraient à chercher dans la **gravité** digne et silencieuse de ces paysans. Ils ont spontanément recréé autour de leur cortège un rituel quasi religieux, qui ne lui donne certes pas une signification explicite, traduisible en termes idéologiques, mais qui signale sa **parenté avec les plus hauts domaines du sacré**. Là encore, les paysans sont les premiers, et resteront peut-être les seuls, à avoir su reconnaître tout ce qui, dans le sacrifice et les souffrances des aviateurs, échappe à une logique historique et politique, et relève d'un **mystère plus essentiel**. L'attitude des paysans est la seule qui soit à la mesure de la grandiose majesté d'une **nature** au sein de laquelle toutes les questions idéologiques s'effacent derrière celle de la simple présence de l'homme dans un univers inhumain, la seule qui soit assez forte pour « accorder aux montagnes » non plus « la mort », mais « la volonté des hommes » (p. 559). Il ne faudrait cependant pas croire que les paysans représentent, aux yeux de Magnin, une nature humaine éternelle, insensible aux aléas de l'Histoire ; ils sont plutôt ceux qui se montrent **capables de donner au sacrifice et à l'ensemble de l'action des aviateurs la forme et même le style nécessaires pour qu'ils s'inscrivent non dans le temps de l'Histoire, mais dans celui de la Mémoire**. À un événement dont l'importance historique est des plus minces, ils donnent une gravité, une solennité qui est à la mesure de son importance « de droit » dans le cœur des hommes. En ce sens, ils ont d'avance répondu au vieillard farfelu qui, à la fin du roman, annonce le triomphe de « la forêt » sur toutes les formes de la civilisation humaine ; ils sont les parents de l'artiste qui donne un style à ce qu'il espère faire entrer dans le temps des métamorphoses, au-delà des cataclysmes ; ils donnent forme à ce qui pourrait être au fondement d'un monde nouveau : avec eux, « l'âge du fondamental recommence ».

Chapitre II (pp. 515 à 523) et chapitres IV à VI (pp. 563 à 590)

RÉSUMÉ

Le chapitre II nous plonge au cœur de la bataille de Guadalajara (au nord-est de Madrid), en pleine tempête de neige, du 11 au 14 mars. Le combat est mené avec acharnement par les Brigades internationales, les Garibaldiens, notamment, qui se trouvent directement opposés à leur compatriotes envoyés par Mussolini aux côtés des franquistes. Le point culminant est la prise par les internationaux – parmi lesquels nous retrouvons Maringaud et Siry – du palais Ibarra, tenu par les fascistes.

Le 18 mars, à Guadalajara, les internationaux et les bataillons de Manuel, bientôt appuyés par des tanks, puis par l'aviation hétéroclite réunie par Vargas, font échec à une contre-attaque menée en direction de Brihuega par les Italiens et la cavalerie maure. Du haut de son vieil Orion, Magnin peut contempler, dans la neige, « les lignes efficaces » d'une grande armée en marche.

Tandis que la bataille gronde encore au loin, Manuel retrouve Ximénès, dans une église de Brihuega où sont entreposés des camions pris à l'ennemi, et joue pour lui, à l'orgue, le *Kyrie* de Palestrina. Mais il lui avoue ensuite qu'il en a fini avec la musique, qui lui paraît venir d'une autre vie. Sur la place de Brihuega, les deux hommes retrouvent Garcia et Magnin écoutant un vieil original qui tient sur le monde, les hommes et la guerre des propos farfelus et désenchantés, qu'il conclut en annonçant l'inévitable triomphe, à terme, de la forêt. Entre-temps, Garcia, après avoir appris de Magnin que Scali devenait de plus en plus anarchisant, s'est rappelé le désarroi de ce dernier. « L'âge des Partis commence », annonce-t-il lui-même, avec inquiétude, à Magnin. Tandis que la victoire se confirme à Guadalajara, Manuel, resté seul, entend les combattants de la veille jouer au piano de vieilles et opiniâtres romances, et s'aperçoit qu'il a besoin, lui aussi, de réécouter cette musique qu'il croyait avoir laissée dans une autre vie ; elle supprime en lui la volonté par laquelle il s'est transformé en chef de guerre et rend toute sa force au passé.

La guerre entre histoire et épopée

Dans les chapitres consacrés à la bataille de Guadalajara, Malraux use d'une **écriture épique**, inspirée de celle qu'il a pu découvrir chez ses grands modèles de l'âge romantique : **Hugo, Michelet, le Flaubert de *Salammbô*…** Amples périodes narratives rythmées par des anaphores ; énumérations de forces qui se rassemblent pour s'affronter ; effets de rupture brutale provoqués par des phrases brèves et isolées qui annoncent de dramatiques retournements de situation, etc. Des forces surhumaines, d'autre part, semblent s'affronter sur ce champ de bataille où les arbres, déracinés par les obus, bondissent tout entiers vers le ciel, et où vient gronder un gigantesque haut-parleur, « voix immense », « voix à annoncer la fin du monde » (p. 518). Tout se passe donc comme si Malraux avait choisi de **compenser par la grandeur épique de la narration non seulement l'horreur réelle de ces combats, mais surtout leur caractère essentiellement militaire**, ou, pour parler comme Scali, « guerrier ». C'est en effet une bataille moderne et largement « technique » qui se déroule à Guadalajara : le matériel, les armes (tanks, armes antichars, mitrailleuses lourdes, canons...) prennent au moins autant d'importance que le courage et les exploits des combattants ; c'est l'armement, l'entraînement et l'organisation des républicains qui leur permettront de remporter la victoire – et c'est là, indiscutablement, une des principales leçons à retirer de cette fin de roman. Il fallait donc donner une grandeur romanesque ou mythique, une **place dans l'imaginaire**, à ce qui risquait de n'apparaître que comme le résultat de l'augmentation arithmétique des forces et d'une froide stratégie militaire. Il fallait aussi montrer que l'enthousiasme, la foi originelle en la cause défendue ne s'étaient pas perdus pour autant : c'est le rôle des exploits héroïques attribués plus particulièrement à Maringaud et à Siry dans l'épisode final de la prise du palais Ibarra.

Manuel lui-même n'apparaît presque pas au cours de la bataille ; nous ne le retrouvons que lorsqu'il s'interroge sur la transformation de son identité par la guerre. Manuel semble alors la parfaite incarnation individuelle de la transformation que viennent de vivre collectivement les républicains engagés dans la guerre : si ce sont les grands mouvements historiques qui donnent aux individus leur identité la plus profonde, alors, il faut admettre que Manuel est le modèle de « l'homme nouveau » forgé par cette lutte contre le fascisme. Le narrateur, pourtant, dans le tout dernier chapitre, prend grand soin d'écarter cette interprétation : Manuel, en renouant avec la musique qu'il avait d'abord cru devoir rejeter dans un passé révolu, retrouve l'art fondamental, l'art qui, avait dit à Scali le vieil Alvear (p. 381), « a fait les dieux ». Cette étrange et puissante nostalgie fait de Manuel tout autre chose qu'un homme de l'Histoire, transformé par l'Histoire et portant des espoirs liés à une quelconque « fin de l'Histoire ». Ce que découvre finalement Manuel, c'est « la possibilité infinie [du] destin [des hommes] », c'est une humanité engagée non dans l'Histoire, mais dans une immense aventure à la finalité inconcevable.

Synthèse littéraire

LIRE *L'ESPOIR* AUJOURD'HUI

S'il est un roman qui ne peut plus être lu aujourd'hui comme il a été lu à l'époque de sa première publication, c'est bien *L'Espoir*. En 1937 en effet, le roman s'adressait à des lecteurs pour lesquels la guerre d'Espagne n'était pas encore achevée : ils en avaient suivi – et continuaient à en suivre – les développements dans leurs journaux. *L'Espoir* visait, certes, à accroître la simple information de ces lecteurs : Malraux était un témoin privilégié, dont on attendait des révélations. Mais bien plus que des informations inédites, les lecteurs trouvaient dans son livre des scènes et des évocations se référant sans cesse, par allusion, à des événements, à des lieux et à des hommes déjà connus par les reportages. En réservant le récit informatif à de simples rappels, là où l'on aurait parfois attendu des exposés complets, en dédaignant tous ceux qui ignoraient une histoire déjà racontée par les journalistes, Malraux signalait aussi évidemment, par là même, que l'intérêt du livre n'était pas à chercher dans son apparente valeur documentaire. *L'Espoir* ne pouvait pourtant pas être non plus un roman historique reconstituant une époque révolue, ni une œuvre ressortissant au genre tragique ou au genre épique, puisque, dans tous ces cas-là, il aurait fallu qu'on connût d'avance la fin de l'histoire, l'issue, heureuse ou malheureuse, de la guerre. Contrairement aux auteurs de romans historiques, aux auteurs tragiques ou aux poètes épiques, Malraux *s'engageait*, d'un point de vue au moins autant littéraire que politique, dans la mesure où son récit appelait une fin qu'il ignorait réellement, et non qu'il feignait seulement d'ignorer, à la manière des écrivains qui ménagent des effets de suspens dans une histoire dont ils connaissent la fin. *L'Espoir*, au moment de sa publication, se présentait donc comme un texte *engagé*, c'est-à-dire allusif et inachevé. Nombreux furent d'ailleurs les critiques de l'époque à n'y voir qu'une matière première sans véritable élaboration artistique, une forme de reportage ou de journal de guerre.

La lecture de *L'Espoir* paraît encore plus difficile aujourd'hui à qui ignore les grandes lignes (et quelques circonstances particulières) de l'histoire de la guerre d'Espagne. Cette histoire, achevée, ayant désormais été écrite par les historiens (et non plus seulement par les journalistes), on ne peut plus guère s'attacher à la valeur de *document* d'un livre à l'écriture aussi allusive ; on est tenté, en revanche, de lui reconnaître celle d'un *monument* permettant de redonner vie dans la mémoire des hommes à des événements qui, au-delà de leur importance proprement historique, mobilisèrent tant de passions extraordinaires. *L'Espoir* s'inscrit donc dans le temps de la mémoire, non dans celui de l'histoire ; mais le lecteur ne peut accéder au premier qu'en passant d'abord par le second, et c'est ce qui nous conduit à présenter ici un résumé de l'histoire de la guerre d'Espagne.

L'HISTOIRE DANS LE ROMAN, LE ROMAN DANS L'HISTOIRE

La vie politique espagnole, de 1917 à 1936

On peut distinguer, au début du xxᵉ siècle, trois grandes périodes :

– **1917-1923 :** période de difficultés économiques et de graves troubles sociaux (révoltes paysannes, grèves ouvrières). C'est aussi l'époque de la très difficile implantation au Maroc. L'Espagne est alors une monarchie, mais la situation politique est confuse.

– **1923-1931 :** à la suite d'un *pronunciamiento**, le général Primo de Rivera (père du futur fondateur de la Phalange*) établit une dictature, avec un programme de réformes économiques et sociales auquel il parvient à rallier quelques socialistes (Largo Caballero, notamment). Ponctuée d'autres *pronunciamientos*, la tentative se solde par un échec : Primo de Rivera se retire en 1930. Après une période de très violente agitation sociale, la gauche triomphe aux élections d'avril 1931 : le roi Alphonse XIII se retire, sans abdiquer officiellement. La République est néanmoins proclamée.

– **1931-1936** : Alcala Zamora, républicain modéré, est président de la République ; Azaña*, président du Conseil, entreprend d'audacieuse réformes : laïcisation de l'enseignement (tentative qui s'accompagne d'une vague de violences populaires contre le clergé et de nombreux incendies de couvents, en 1931) ; réforme de l'armée (mises à la retraite, création du corps des *asaltos**) ; autonomie accordée ou promise aux Catalans et aux Basques ; réforme agraire (fondée sur le principe d'une redistribution des terres, qui ne se réalise que très lentement).

Mais l'agitation sociale reste très vive. De nombreux putschs anarchistes, sous l'impulsion de la FAI*, sont suivis de sanglantes répressions : en 1931 à Séville, en 1932 en Catalogne (où certains villages instaurent le « communisme libertaire »), en janvier 1933 surtout, à Casas Viejas, où la répression d'une émeute anarchiste par les *asaltos** fait de nombreux morts. Azaña est discrédité et la gauche perd nettement les élections de novembre 1933.

Pendant les deux années suivantes, le *bienio negro*, la droite au pouvoir (la CEDA, Confédération autonome des droites espagnoles) ralentit ou enterre les réformes. L'agitation sociale et autonomiste s'intensifie et débouche sur de véritables crises révolutionnaires. En avril 1934, Saragosse est paralysée par une grève totale que soutiennent les autres villes ouvrières : c'est la grève évoquée longuement au début du roman, à propos de Puig (p. 30). En octobre 1934, le soulèvement des Catalans coïncide avec la fameuse révolte des Asturies*, « mouvement parti d'en bas » et « caractérisé par l'unité révolutionnaire et l'armement ouvrier », dit l'historien Pierre Vilar ; dans *L'Espoir*, les Asturiens Pepe et Gonzalès évoquent ainsi le souvenir de ces moments épiques en attendant l'attaque des tanks fascistes devant Tolède (*Exercice de l'Apocalypse*, deuxième séquence, chapitre VII).

Ces événements entraînent une radicalisation des positions politiques : l'UGT* adopte une ligne révolutionnaire (Largo Caballero) ; les dirigeants de la CEDA sont reçus par Mussolini, qui s'engage à les aider en cas de guerre civile. Enfin, sous l'impulsion d'Azaña, les syndicats et les partis de gauche forment un Front populaire. Le président Zamora ayant décidé de provoquer de nouvelles élections, les anarchistes, pour la première fois de leur histoire, ne donnent pas de consigne d'abstention, afin, disent-ils, d'obtenir la libération de tous les prisonniers politiques de 1934 (Malraux fait allusion à cette décision dans *L'Espoir*). Les élections du 16 février 1936 donnent une victoire écrasante au Front populaire. Une nouvelle vague de violences et de grèves se développe alors : jacquerie* généralisée dans les campagnes, grève des ouvriers du bâtiment à Madrid et à Malaga (occasion de violents affrontements entre CNT* et UGT), terrorisme urbain, enfin, qui va fournir un prétexte au déclenchement de la guerre civile. Après un attentat contre un lieutenant notoirement républicain des *asaltos*, le leader de la droite parlementaire, Calvo Sotelo, est assassiné par des *asaltos* : c'est le signal du soulèvement militaire, les 17, 18 et 19 juillet. Ce soulèvement était en fait préparé de longue date, et connu du gouvernement, qui n'avait pris que de timides mesures préventives (exil de Franco aux Canaries et de Goded aux Baléares), et pariera jusqu'au bout sur le loyalisme des généraux.

Histoire de la guerre civile
(de juillet 1936 à mars 1937)

Les historiens s'accordent sur la distinction faite par Garcia devant Magnin, lors de leur première rencontre : le soulèvement n'a d'abord été qu'un classique *pronunciamiento*, qui a échoué et a dégénéré en guerre civile. Ils reprennent aussi à leur compte la fameuse distinction faite par Malraux entre une première période d'« illusion lyrique » (où l'on cherche, disent certains, à faire la révolution plutôt que la guerre) et une deuxième période de réalisme, où les impératifs de la guerre éclipsent ceux de la révolution. Nous nous limiterons ici à l'histoire des opérations militaires, qui sont la matière du roman.

Du 18 juillet au 6 août 1936

Le 17 juillet, l'armée du Maroc donna le signal. Le 18, Goded quitta les Baléares pour Barcelone, Franco les Canaries pour

e Maroc. Toutes les garnisons devaient, ce même jour, occu-
per les rues et proclamer l'état de guerre. Mais dans de nombreuses villes de garnison régna d'abord une grande confusion, due à quelques résistances inattendues (la *Guardia
Civil** de Barcelone, par exemple), aux hésitations ou à l'atten-
tisme de certains, mais aussi aux ruses de commandants de
garnison, feignant d'abord la loyauté à la République afin de
mieux tromper leurs troupes et les comités de vigilance créés
par l'UGT ou la CNT-FAI. Ce fut notamment le cas à Madrid,
mais aussi à Tolède et à Oviedo. Dans *L'Espoir*, outre l'échec
de Goded à Barcelone et l'affaire de la Montaña, Malraux
évoque (dans le premier chapitre du livre) la trahison d'Aranda
qui, à Oviedo, parvint à convaincre les militants des syndicats, sommairement armés, de partir défendre Madrid, mais
qui, une fois leur train éloigné, se prononça en faveur des
rebelles. À l'inverse de leurs officiers, les soldats, dès qu'ils
le purent, passèrent au peuple.

Le *pronunciamiento* fut finalement un échec, non seulement parce que le gouvernement ne céda rien, mais surtout
parce que la réaction populaire fut suffisamment vive et massive pour empêcher la rébellion sur la plus grande partie du
territoire. À partir de là, les forces politiques les plus actives,
à gauche, tentèrent de donner une perspective révolutionnaire à cette mobilisation populaire ; en même temps, com-
mençait la guerre entre les deux parties de l'Espagne : celle
que tenaient les nationalistes et celle que conservaient encore
les républicains.

– **Du côté républicain**, le gouvernement de Madrid n'a qua-
siment plus d'autorité militaire ; les responsables syndicaux
forment donc des comités qui prennent en main les premières
tâches de défense et de police : c'est le rôle qu'on voit jouer,
au début de *L'Espoir*, au syndicat des cheminots de la gare
centrale de Madrid, recueillant des informations par téléphone,
et aux autres organisations qui quadrillent la ville, distribuent
les armes, etc. Très vite, ces mêmes organisations constituent
aussi des « colonnes » de miliciens, dont les effectifs, l'armement, la stratégie et la conception même du combat varient
beaucoup suivant les endroits, les chefs, les circonstances. La
plupart du temps elles ne se donnent pour objectif que de
reprendre une ville occupée par les rebelles ou de défendre
une ville qu'ils assiègent. Le désordre et la fantaisie dont se

plaint Ramos (chapitre II de la deuxième séquence de « L'illusion lyrique »), qui, dans la Sierra, ne parvient pas à convaincre ses miliciens de ne pas rentrer chez eux le soir et à l'heure des repas, semblent avoir été de règle. Mais alors que les anarchistes en sont encore à constituer de ces colonnes aux noms enfantins sur lesquels le narrateur d'*Être et faire* ironise bien tristement, « Colonne fantôme », « Colonne de fer », *Desperada*, etc., les communistes commencent à mettre sur pied le fameux « 5e régiment », où ils conservent la hiérarchie, la discipline et même le cérémonial militaire traditionnels ; les officiers y sont à la fois contrôlés et aidés par des commissaires politiques – institution héritée de l'Armée rouge (dans ce rôle, le Gartner du roman est plus convaincant qu'Attignies). Ce régiment ne tardera pas à devenir le modèle de l'armée républicaine, comme le prévoit Magnin recevant la visite d'Enrique (chapitre V d'*Exercice de l'Apocalypse*).

L'armée républicaine souffre également d'une grave crise de confiance. Les officiers de l'armée régulière étaient *a priori* suspects aux miliciens qui, victimes de trahisons, se livrèrent parfois à des exécutions sommaires : c'est ce que représentent, dans le roman (chapitre I d'*Exercice de l'Apocalypse*), l'épisode de l'officier d'artillerie qui retourne son canon contre les assiégeants de l'Alcazar, mais aussi les confidences faites par Heinrich à Manuel, après son inspection des milices de la Sierra, sur les sabotages. Certains officiers désertèrent également, moins à cause de leurs convictions politiques que parce qu'ils étaient sincèrement écœurés de devoir se soumettre aux ordres absurdes des miliciens anarchistes ; le souci d'efficacité explique aussi qu'un grand nombre d'entre eux se soient alors ralliés au Parti communiste et à son 5e régiment, auquel – il faut l'ajouter – étaient attribuées en priorité les armes modernes envoyées par l'URSS. Malraux a incarné ce malaise dans le personnage de Hernandez, auquel ses principes éthiques interdisent, cependant, de collaborer trop étroitement avec les communistes.

– **Du côté des nationalistes**, les débuts de la guerre proprement dite sont aussi difficiles. Les officiers ne font pas confiance aux recrues et les troupes d'élite (le Tercio, les Maures*), venues du Maroc, n'ont pu débarquer qu'en petit nombre, du fait de la fidélité des équipages de la flotte aux républicains. Les nationalistes, qui manquent aussi d'armes et de munitions, auront du mal à opérer la jonction entre la tête de pont d'Andalousie et la Navarre carliste, tenue par le général Mola. Il y a aussi, parmi eux, un trop-plein de chefs potentiels ; Franco ne s'imposera pas immédiatement.

Du 6 août au 27 septembre

Après avoir réuni suffisamment de troupes sur la péninsule, les nationalistes lancent une vaste offensive en direction de la ville de Badajoz, bien située pour permettre des contacts avec le Portugal, où régnait un dictateur favorable au fascisme, et qui pouvait servir de base arrière et de base de transit pour des livraisons d'armes par l'Atlantique. Après Merida le 11 août, la colonne Tella (ou Yagüe) s'empare de Badajoz le 14 août, à la suite de combats acharnés, maison par maison, et jusque sur l'autel de la cathédrale, les atrocités s'ajoutant aux massacres. Ce fut le premier événement marquant de la guerre proprement dite, et les journaux du monde entier, qui avaient pu envoyer des reporters sur place et avoir des photos, en tirèrent des articles à sensation. La colonne marcha ensuite sur Medellin, et c'est le 16 août qu'eut lieu, en réalité, le bombardement aérien par l'escadrille de Malraux. En datant ce bombardement du 14 août, dans *L'Espoir*, Malraux imagine ses aviateurs survolant Badajoz au moment des massacres et en tire de forts effets de pathétique – auxquels un lecteur de 1937, ayant eu connaissance des événements par les journaux, devait être particulièrement sensible.

Talavera est prise le 4 septembre par l'avant-garde marocaine de Yagüe ; dans le roman, Manuel et Ximénès, qui combattent entre Talavera et Tolède, font allusion à cette défaite. Au nord du pays, Irun est prise le 4 septembre et Saint-Sébastien le 14.

Tolède est prise le 27 septembre après un court siège. Franco avait décidé de faire le détour par Tolède, au lieu de marcher directement sur Madrid, afin de délivrer les nationalistes qui, commandés par Moscardo, résistaient depuis le mois de juillet dans la forteresse de l'Alcazar (servant alors d'école militaire) à des miliciens venus, pour beaucoup, de Madrid ou de Barcelone. La presse internationale parla de l'Alcazar – les journaux de droite en faisant le symbole de la résistance héroïque de l'élite de la jeunesse espagnole (les

« cadets ») à la « barbarie rouge ». Dans *L'Espoir*, Hernandez rétablit la vérité : l'Alcazar n'était défendu que par des gardes civils, personnages moins émouvants... Sur cet épisode de la guerre s'était aussi greffée une série d'anecdotes, parmi lesquelles Malraux opère un choix significatif. Il retient celle des otages que les fascistes avaient enfermés avec eux dans la forteresse (fait authentique). Il ne dit rien de celle du fils de Moscardo : on téléphone un jour à Moscardo que son fils, prisonnier en zone républicaine, sera fusillé s'il ne se rend pas ; le colonel échange quelques mots au téléphone avec son fils, mais refuse de se rendre : son fils est fusillé (Malraux se contente, un peu plus loin, d'« équilibrer » cette anecdote largement diffusée dans la presse de droite, par celle – tout aussi authentique – du fils de Largo Caballero, fusillé par les fascistes après que les républicains eurent refusé de l'échanger contre José Antonio Primo de Rivera, prisonnier chez eux). Il retient surtout celle des lettres envoyées par Moscardo à son épouse et transmises directement par des officiers républicains – anecdote authentique elle aussi, et qui est le point de départ, dans *L'Espoir*, d'un long débat philosophique. Enfin, Malraux avait pu lire dans les journaux de l'époque toutes les autres anecdotes dont il émaille son récit : la mission de conciliation du prêtre, la trêve sur la place du Zocodover, la vie à l'intérieur de l'Alcazar, le faux drapeau blanc, les combats dans les souterrains, les barricades de fantaisie et l'homme tirant contre le mur, etc.

Après la prise de Tolède, rien ne paraissait pouvoir empêcher Franco de s'emparer de Madrid.

Les batailles de Madrid : octobre 1936-janvier 1937

Commençant à investir la ville par l'ouest et par le sud, Yagüe parvient à franchir le Manzanares, petite rivière qui borde Madrid au sud-ouest, et porte le combat aux abords immédiats de la ville : dans la Cité universitaire, la Casa del Campo, le parc de l'Ouest. L'aérodrome de Gétafé est pris le 4 novembre et le faubourg de Carabanchel est occupé le 6. C'est le jour où le gouvernement républicain part pour Valence, ne laissant à Madrid qu'une junte de défense, dirigée par le général Miaja. Elle comporte des représentants de tous les partis, avec une forte prédominance, cependant, de ceux du Parti communiste ; le Parti, dont le 5ᵉ régiment était devenu la principale force de l'armée républicaine, se signale en effet très vite par la détermination avec laquelle il organise la défense civile et la police de la ville. Malraux évoque, au chapitre VIII d'*Être et faire* une réunion de cette *Junta*, qui comportait un grand nombre de jeunes officiers, sur le modèle de Manuel.

Il évoque également les actions de la défense civile, mais on lui a très vivement reproché de n'avoir rien dit de l'épuration brutale entreprise alors à Madrid par la police communiste et les anarchistes. Il passe sous silence l'affaire du *Carcel modelo*, prison dont on fit sortir un jour quelque six cents ou mille détenus pour les massacrer sans autre forme de procès. De cette atrocité, due à la hantise – en partie justifiée – de l'ennemi de l'intérieur (la cinquième colonne), on ne trouve dans *L'Espoir* que l'hypothèse, vite écartée par Garcia.

C'est aussi au début de novembre qu'apparaissent sur le front les premières **Brigades internationales**. Leur recrutement avait été assuré dans toute l'Europe par des comités antifascistes, presque toujours sous le contrôle du Komintern. Ces hommes, qui ont souvent derrière eux l'expérience d'un militantisme très dur, sont envoyés en Espagne par diverses filières, regroupés à Albacete et organisés par le communiste français André Marty (dont certains historiens et le romancier Ernest Hemingway ont brossé un portrait particulièrement sombre, mais dont Malraux ne dit rien), sur le modèle du 5e régiment. Le sauvetage – provisoire – de Madrid n'eût pas été possible sans ces Brigades internationales, dont les pertes au combat furent énormes...

Du 7 au 9 novembre, les nationalistes lancent un assaut, qui échoue ; mais les combats, acharnés de part et d'autre, se poursuivront avec la même intensité jusqu'à la fin novembre. Les éléments que Malraux retient dans *L'Espoir* – la charge à la baïonnette du bataillon Edgar-André au parc de l'Ouest, les tranchées de la Cité universitaire, les luttes pour une maison ou, parfois, un seul étage de maison, etc. – se trouvent dans les reportages de l'époque.

Les premiers bombardements, visant, comme on le voit dans le roman, la population et des objectifs civils (dont des hôpitaux et un hospice de vieillards), ont lieu au début du mois de novembre. Un bombardement particulièrement important est effectué le 16 novembre ; à partir du 21 novembre (comme on peut le lire dans *Sang de gauche*), ces bombardements deviennent quotidiens. Tous les détails donnés dans le roman sont, là encore, attestés par des témoignages de journalistes, parfois par des photos (des maisons éventrées, par exemple). Ces bombardements galvanisèrent plutôt une population qui s'attacha alors à des personnalités charismatiques comme celle de la Pasionaria (Dolorès Ibarruri, dirigeante du Parti communiste) et gagnèrent aux républicains la sympathie de l'opinion internationale.

De novembre à janvier, les franquistes lancent une série d'offensives contre des localités situées à l'ouest et au sud-ouest de Madrid et tentent aussi de couper la ville des milices installées dans la sierra de Guadarrama, qui permettaient d'approvisionner Madrid par le nord-ouest et la protégeaient contre les fascistes de Ségovie. Cette tentative devient une grande bataille, très violente, où des blindés sont engagés de part et d'autre : elle est connue sous le nom de « bataille de la route de la Corogne ». C'est à cette bataille, simplement située à Guadarrama, qu'est emprunté l'épisode du chapitre v de *Sang de gauche*.

Ces combats autour de Madrid, extrêmement meurtriers, ne débouchent pas, en janvier 1937, sur des modifications importantes de la ligne de front. Le bulletin de victoire qui clôt le dernier chapitre de *Sang de gauche* donne l'impression d'un repli généralisé des troupes nationalistes, alors qu'en réalité les républicains avaient seulement réussi à éviter l'encerclement et la prise de Madrid, et à faire reculer les fascistes par rapport à leur avance extrême en quelques points (ceux précisément énumérés par Albert). Il est vrai que ce demi-succès républicain était déjà inespéré.

Premier trimestre de 1937 : prise de Malaga ; batailles de la Jarama et de Guadalajara

L'attaque contre Malaga commence le 3 février. La ville, où les anarchistes avaient conservé une influence prépondérante, est défendue par des miliciens nombreux mais mal organisés et mal commandés. « À Malaga, lit-on au début du chapitre II de "L'espoir", les milices s'étaient battues comme à Tolède. » Le 6 février, le général républicain Villalba ordonne l'évacuation de la ville, où étaient déjà entassés de nombreux réfugiés. Une longue colonne de réfugiés, poursuivie par les bataillons motorisés des Chemises noires italiennes et mitraillée par les avions italiens, se dirigea vers Almeria, encore tenue par les républicains. Le raid des aviateurs républicains rapporté dans le roman n'empêcha pas le massacre d'un grand nombre de réfugiés.

– La **bataille de la Jarama** se déroula à peu près en même temps. Le 6 février, les nationalistes lancent une grande offensive au sud-est de Madrid, en direction de la rivière Jarama, visant à couper la route de Madrid à Valence. Les combats acharnés aboutissent, dans les derniers jours de février, à une très légère perte de terrain par les républicains, qui conservent le contrôle de la route. C'est un lourd échec des nationalistes, qui ont un grand nombre de tués. Il n'y a qu'une brève allusion à cette victoire, au chapitre II de *L'espoir*.

– La **bataille de Guadalajara** se déroula du 8 au 18 mars, mais les épisodes décisifs eurent lieu, comme il est dit dans *L'Espoir*, à partir du 11 mars surtout. L'offensive, menée principalement par des troupes italiennes (Mussolini voulant amplifier le succès de Malaga), avait pour objectif la prise de Guadalajara, au nord-est de Madrid, afin d'opérer une jonction avec les troupes espagnoles qui devaient reprendre l'offensive sur la Jarama, et réaliser ainsi l'encerclement de Madrid. Là encore, tous les éléments du récit de Malraux sont conformes à la réalité telle que les historiens ont pu la reconstituer : combats acharnés au milieu de bourrasques de neige, guerre psychologique par haut-parleurs, intervention de tous les avions disponibles chez les républicains, prise du palais Ibarra, etc. Le 18 mars eut lieu une vaste contre-offensive républicaine, menée par le 5ᵉ régiment. Dans la dernière phase de la bataille, le vieux village fortifié de Brihuega fut plusieurs fois perdu et repris, avant de rester aux mains des républicains. Guadalajara fut pour les fascistes une lourde défaite militaire, mais aussi politique ; les républicains avaient fait prisonniers un grand nombre de soldats italiens, comme on le voit dans le roman, et leur victoire relançait en effet l'espoir – ce qui justifie le titre de la dernière partie du livre. L'armée républicaine, pourtant, s'était contentée de résister à une offensive, et n'avait presque pas repris de terrain aux troupes franquistes.

On ne peut clore cette partie sans évoquer brièvement l'action, en zone républicaine, des divers comités, qui exerçaient de fait, dans les villes et les villages, le pouvoir administratif, social et économique ; le lecteur de *L'Espoir* les rencontre à plusieurs reprises. Leur action varia suivant l'origine politique et syndicale de leurs membres (on pourrait évoquer, par exemple, les tentatives de collectivisation des terres menées par les anarchistes de Catalogne, affrontant les communistes du PSUC et les rabassaires*). Malraux en a retenu dans son roman un des aspects les plus connus et les plus spectaculaires : l'incendie des églises ou leur transformation en écoles, magasins de stockage, théâtres parfois... On voit cependant aussi ces comités agir pour sauver le patrimoine artistique (Lopez) ou pour aider les aviateurs de l'escadrille internationale.

Sur le plan proprement politique, l'espoir est loin de l'emporter, au printemps 1937. Les anarchistes se sentent frustrés de leur victoire de juillet par une politique de plus en plus orientée vers l'effort de guerre et de plus en plus sensible aux directives des communistes, soutenus par Staline, seul pourvoyeur d'armes modernes. Pourtant, Largo Caballero, chef du gouvernement, ne s'entend plus avec ces communistes, qui appellent de plus en plus à la liquidation des « gauchistes irresponsables » et autres « alliés objectifs de l'ennemi ». En mai 1937, de très violents affrontements armés opposent, à Barcelone, le POUM* et la CNT au parti communiste espagnol et au PSUC. Les militants du POUM sont pourchassés, emprisonnés et jugés avec des méthodes semblables à celles des procès de Moscou, entrepris à la même époque. Le socialiste Negrin remplace Caballero au gouvernement. La fin de 1937 et l'année 1938 sont marquées par deux terribles batailles, à Teruel et sur l'Èbre. Le 26 janvier 1939, Barcelone est prise par les franquistes ; en février, quatre cent mille réfugiés passent en France ; Madrid est occupée le 28 mars ; c'est la fin de la guerre.

LA GENÈSE ET LE GENRE : JOURNALISME ET ROMAN

Les reproches de « journalisme » adressés en 1937-1938 à l'auteur de *L'Espoir* reposent sur une ambiguïté analysée à l'intérieur même du roman par les réflexions prêtées au personnage de Shade, journaliste américain. Les journaux de l'époque demandaient en effet à leurs grands reporters ou envoyés spéciaux en Espagne de procurer à leurs lecteurs des émotions fortes. Mais alors que son confrère Nadal (au chapitre v d'*Être et faire*) fait ce travail sans états d'âme, Shade, au chapitre iv de *Sang de gauche*, s'avoue écœuré par ce métier qui l'oblige à « chercher du pittoresque ou du tragique » dans les rues de Madrid dévastées par les bombes, et Garcia, un peu plus loin (chapitre viii), lit un article (réellement publié dans la presse de l'époque par Louis Delaprée) où se trouve évoquée « une scène d'une atroce beauté ». Les journalistes, dont certains étaient d'ailleurs aussi de grands écrivains (Hemingway, Saint-Exupéry, etc.), étaient donc invités à produire des effets proprement littéraires (le tragique, le pittoresque, le pathétique, le sublime, etc.) dans des articles qui n'auraient dû être consacrés, en principe, qu'au compte rendu scrupuleux des faits observés. Quand le journalisme devient littérature, peut-on s'étonner que les romans ressemblent à des reportages ?

Malraux lui-même, dans les années précédentes, avait esquissé une théorie de l'écriture littéraire moderne qui tendait à effacer la distinction entre le « grand » journalisme et la littérature. Le lecteur moderne ne veut que des faits. Seuls les faits éveillent et motivent ses passions et ses rêves : les mouvements de son imagination ne peuvent plus s'appuyer sur la croyance en un monde surnaturel que l'esprit scientifique a relégué dans un passé révolu. L'horizon d'attente de ce lecteur est parfaitement défini par Malraux, lorsqu'il écrit, en 1934, dans une de ses « notes » de la *Nouvelle Revue française*, que « toute une nouvelle littérature se constitue actuellement en Europe, de livres dont la valeur est [...] uniquement dans le choix des événements que [*l'auteur*] rapporte. [...] C'est celle des pays auxquels une vie particulièrement violente (Russie, Europe centrale, Chine, certaines parties des États-Unis – Espagne bientôt peut-être – donne le tragique à profusion [...] ». Le lecteur moderne est donc celui qui croit que le tragique, le pittoresque, le pathétique, etc. peuvent être dans les faits, dans les événements eux-mêmes, et non dans les seuls effets d'une écriture ou d'une élaboration artistique quelconque. L'art d'un romancier n'est donc que dans « le choix des événements qu'il rapporte ». Il est naturel, alors, que son modèle soit celui du journaliste que l'actualité appelle précisément dans ces pays « auxquels une vie particulièrement violente » donne « le tragique à profusion ».

Ce sont pourtant des logiques très différentes qui guident le travail du journaliste d'une part et celui du romancier de l'autre. Le journaliste se rend là où l'actualité l'appelle, il est porté par les événements. Il peut avoir à choisir (en fonction de l'importance qu'il accorde à tel ou tel d'entre eux), mais il n'a pas à composer : nul n'ira lui reprocher le morcellement de ses articles si, dans une situation donnée, ils portent chaque fois sur ce qu'il y a de plus extraordinaire, ou de plus apparemment déterminant. Le romancier, en revanche, ne peut ignorer les lois de cohérence propres à une œuvre de fiction : l'univers d'un roman (du moins tel qu'on le conçoit encore à l'époque de Malraux) exige une composition, une progression qui échappent à la pure contingence d'événements surgissant ici ou là. Ces lois peuvent l'obliger, par exemple, à annoncer, à la fin d'un chapitre, les scènes vers lesquelles il conduit le lecteur au chapitre suivant. Ainsi, à la fin du premier chapitre du livre, Ramos et Manuel entendent par deux fois un haut-parleur crier que « les troupes mutinées marchent sur le centre de Barcelone », et le chapitre suivant, tout entier consacré aux combats de Barcelone, commence par : « À travers la fraîcheur d'arrosage, la petite aube de plein été se levait sur Barcelone ». Tout se passe alors comme si *L'Espoir* transformait en narration romanesque l'univers même de l'auditeur d'informations radiophoniques : la nouvelle annoncée par le haut-parleur devient transition entre deux chapitres, entrée dans un récit de roman. C'est ce type de composition que Malraux appelle « art du montage », par référence aux enchaînements de l'écriture cinématographique (fondus-enchaînés, croisements de scènes simultanées, etc.) et par opposition à ce qu'il appelle une « littérature de photographie » qui resterait, elle, purement journalistique. Cette « **littérature de montage** » caractérise précisément, selon lui, ces pays où la violence tragique est passée dans les faits eux-mêmes.

À l'origine de *L'Espoir* on peut donc voir cette volonté de transfigurer l'univers du lecteur de journaux, avide d'événements « importants, extraordinaires, sensationnels », en un univers romanesque, seul capable, en tant qu'œuvre d'art, de

« **révéler aux hommes la grandeur qu'ils ignorent en eux** », pour reprendre ici la formule par laquelle Malraux résumait la mission du romancier dans sa préface au *Temps du mépris* (1935). Le lecteur est donc d'abord plongé dans un récit qui semble obéir à la logique journalistique le transportant toujours là où se jouent les événements les plus importants ou les plus spectaculaires : Madrid, puis Barcelone, puis, de nouveau, Madrid, puis le champ d'aviation, puis la sierra, etc. Et la même logique semble gouverner la structure d'ensemble du roman : après Madrid et Barcelone, c'est l'Alcazar de Tolède qui fait les gros titres des journaux, puis les bombardements de Madrid, puis les grandes batailles des Brigades internationales. Mais le lecteur ne tarde pas à s'apercevoir qu'à cette progression proprement journalistique se superpose une autre progression, qui relève de l'art romanesque sans pour autant paraître être conduite par un narrateur organisant le récit à sa guise, puisque c'est dans les faits eux-mêmes que se découvre l'appel (ni logique, ni chronologique, mais « **cinématographique** ») à l'épisode suivant.

Mais la logique traditionnelle du genre romanesque consiste aussi, et peut-être surtout, à suivre des personnages campés dans les premières pages et dont la construction progresse ensuite avec le récit, alors que les personnages observés par le journaliste (s'ils ne sont pas des personnages historiques : hommes politiques, vedettes, etc.) n'existent que dans et par la situation qu'ils sont en train de vivre. Quel est le statut des personnages de *L'Espoir* ?

LE STATUT ET LA FONCTION
DES PERSONNAGES

Il y a, apparemment, de nombreux personnages dans *L'Espoir*, mais il n'y en a pas autant que de situations diverses. Ils assurent donc une certaine continuité au récit, à la condition, cependant, qu'on leur reconnaisse à eux-mêmes un minimum de cohérence, de consistance romanesque. Là encore, les personnages campés dans les premières pages du roman, comme un certain nombre de ceux qui apparaissent ensuite, semblent appelés par la situation, les événements qu'on veut présenter au lecteur :

lorsqu'il s'agit d'armer le peuple de Madrid, nous voyons agir deux membres des comités mis en place pour cela par les syndicats, Ramos et Manuel ; lorsque l'action se situe à Barcelone, les premiers rôles sont tenus par des anarchistes, depuis longtemps particulièrement actifs dans cette ville ; à Tolède, Hernandez incarne, par son sens de l'honneur et son impuissance à se faire obéir des miliciens anarchistes, les causes profondes de l'échec des républicains devant l'Alcazar ; Magnin incarne toute la générosité navrée des aviateurs internationaux obligés de combattre avec des armes inefficaces ; lorsque Madrid est bombardée, ce sont deux parfaits représentants de la défense civile, l'écrivain catholique Guernico et le communiste Ramos qui sont mis en scène ; lorsqu'il s'agit, enfin, de nous montrer de quelle efficacité militaire les républicains ont pu être capables quand ils ont accepté la discipline communiste, c'est Manuel, lieutenant-colonel du 5e régiment communiste, qui devient le personnage central...

On a parfois soutenu que ce qui donnait consistance à ces personnages ballottés d'une situation à une autre n'était que leur appartenance idéologique à telle ou telle des grandes forces sociales et politiques qui ont été les réels acteurs de la guerre d'Espagne : syndicalistes de l'UGT (Ramos et le premier Manuel), officiers et soldats loyalistes (Ximénès, Hernandez), anarchistes de la CNT-FAI (Puig et le Négus), aviateurs internationaux de diverses tendances politiques mais unis dans la fraternité des combats (Magnin et Scali pour les « socialistes de gauche », Attignies pour les communistes), petits paysans (Barca), républicains idéalistes (Hernandez), communistes épris d'efficacité et soutenus par Moscou (Heinrich, Manuel), et même journalistes étrangers faisant appel à l'opinion publique internationale (Shade). Quant à Garcia, qui discute aussi aisément avec Magnin qu'avec le Négus, Hernandez, Scali, Shade ou Guernico, il semble être un artifice imaginé pour permettre la confrontation et la comparaison de ces différentes forces sur le plan des idées : on sait, en effet, que, dans la réalité, la communication fut difficile et tourna même à l'affrontement armé. Dans cette hypothèse, il est naturel de chercher dans le système des personnages ainsi constitué, et en tenant compte de certaines absences remarquables (aucun représentant de la petite bourgeoisie de l'administration républicaine, et, surtout, aucun représentant de la droite espagnole), l'expression des thèses qu'aurait voulu illustrer ou défendre l'auteur de *L'Espoir*. Pour ne retenir ici que l'exemple le plus convaincant, on reconnaîtra que l'évolution de Manuel – l'une des rares, sinon la seule, que le narrateur nous permette de suivre dans le cours du récit – n'a guère d'intérêt du point de vue de l'analyse psychologique, mais semble seulement destinée à montrer que l'ordre et la discipline communistes sont nécessaires à la victoire, sans transformer pour autant en fascistes ceux qui s'y soumettent. On pourrait ajouter que tous les représentants des tendances anarchistes ou simplement idéalistes disparaissent ou tendent à disparaître de la scène (Puig, Hernandez, Mercery, le Négus, Scali et même, à terme, Magnin, dont le cas est cependant plus ambigu), pour laisser la place aux seuls acteurs porteurs d'avenir : Manuel, les hommes des Brigades internationales, les paysans qui ont remplacé les grands domaines en friche par les petits murs de leurs propriétés...

Ce n'est cependant pas là que nous paraît être le vrai principe qui préside à la construction des personnages de *L'Espoir*. Tout au long du roman, en effet, il paraît difficile de discerner en eux une personnalité psychologique, sociale ou biographique, un fond individuel qui pourrait être dissocié des situations qu'ils vivent ; ce fond est certes postulé (et même affirmé, puisque les personnages reviennent, d'un épisode à l'autre, avec leur nom, leur expérience passée, etc.), mais il n'est jamais exposé pour lui-même. En d'autres termes, **l'unité de base de ce roman** – nombreux sont les critiques à l'avoir signalé – **est bien plus la scène que le personnage**. Lorsqu'un personnage trouve, dans une situation extrême, dans les événements extraordinaires qui le portent, le lieu de sa plus forte identification, lorsqu'il devient pleinement lui-même dans un de ces moments dont l'intensité est telle qu'elle semble enlever toute valeur à ce qui pourrait (ou aurait pu) être vécu avant ou après lui, il vient alors donner sa valeur d'éternité à une grande scène, il la fait sortir de l'histoire pour la faire entrer dans l'univers de l'épopée, dans un chant de célébration de la grandeur humaine. **Seul le roman, art de la narration, peut mettre ainsi en valeur ces temps forts de l'Histoire**, ces situations extrêmes, précisément parce qu'il peut les faire sortir de la continuité, plus ou moins implicite, d'un récit : le personnage n'a pas toujours vécu ainsi, il ne retrouvera sans doute jamais ces instants exceptionnels du **haut fait**, mais nous devons nous intéresser quelque peu à son destin de personnage pour le savoir. La grandeur humaine des scènes d'héroïsme que nous montre un journaliste est écrasée dans l'accumulation aléatoire des autres scènes ou anecdotes vers lesquelles l'actualité le guide, et qui peuvent aussi bien être tragiques que bizarres, amusantes ou cocasses. Le romancier a les moyens de sauver la grandeur humaine de l'aléatoire, de la contingence événementielle. Parmi les exemples les plus nets de cette harmonie d'une scène et d'un personnage dans le sublime, on pourrait citer la **grandeur épique** que prennent Ximénès, puis Puig, à Barcelone, lorsque, dans des gestes qui les expriment pleinement eux-mêmes, ils réalisent les espoirs les plus chers de tous ceux qui les entourent alors ; ou encore la mort de Hernandez qui, dans une tonalité tragique, cette fois, concentre en elle tout le désespoir d'un peuple vaincu mais encore digne, en le fixant dans une éternité de Golgotha. Il est remarquable, à l'inverse, que Manuel, personnage dont la construction doit le plus à la narration romanesque traditionnelle, ne soit jamais fortement identifié par une de ces grandes scènes épiques (même devant les fuyards de Tolède, même devant son régiment victorieux qui défile) : Manuel ignore la grandeur du geste épique comme celle de l'attitude tragique, il n'est qu'un homme de l'Histoire.

C'est aussi cette **esthétique de la scène**, bien plus que le rattachement des individus à des forces sociopolitiques extérieures à l'univers du roman, qui permet de parler de **personnage collectif** dans *L'Espoir*. Non seulement, en effet, comme on vient de le voir, la scène n'est pas réservée à un individu, mais il peut arriver aussi que la scène permette de donner vie à une collectivité, présente en tant que telle, sans avoir besoin de s'incarner dans un individu. C'est le cas des scènes des premiers chapitres, qui nous font assister à la mobilisation exaltée dans laquelle le peuple de Madrid croit trouver enfin une vraie identité, naître au monde, ou encore des scènes épiques de la bataille de Guadalajara qui donnent une identité commune aux antifascistes de tous les pays.

Ce qui menace le plus la grandeur humaine que le romancier suggère ainsi, ce sont toutes les formes de la comédie, de ce pittoresque ou de ce spectaculaire auxquels les journalistes limitent souvent leur quête. C'est par l'évocation de ce problème que nous terminerons cette étude de *L'Espoir*.

L'ESPOIR DANS *L'ESPOIR* :
« L'ÂGE DU FONDAMENTAL »

L'une des phrases les plus énigmatiques du roman est celle que le vieil Alvear prononce devant Scali (chapitre VII, d'*Être et faire*, p. 379) : « L'âge du fondamental recommence, monsieur Scali... ». Il est rare qu'on songe à la rapprocher des indications que nous donne le narrateur sur Shade en train de contempler la foule des madrilènes revenant du mont-de-piété (chapitre IV de la première séquence de *L'illusion lyrique*) : « Shade avait cinquante ans. Revenu de pas mal de voyages [...], il n'attachait plus d'importance qu'à ce qu'il appelait idiotie ou animalité, c'est-à-dire à la vie fondamentale : douleur, amour, humiliation, innocence ». Cette « vie fondamentale », c'est, pour Shade, tout ce qui peut, dans l'homme, **échapper à la « part de comédie »** que Malraux, à la même époque, avait dénoncée, dans un de ses discours. La révolution, le grand mouvement d'enthousiasme qui mobilise alors tout un peuple n'est, au fond, que l'espoir qui naît en chacun de vivre enfin selon son cœur, de pouvoir enfin être pleinement lui-même ; et chacun a le sentiment, dans ce grand moment d'exaltation où il se prépare à lutter pour sa liberté la plus essentielle, de trouver enfin sa véritable identité. Pourtant, dans cette exaltation même, se cache la menace de la comédie, du spectacle.

Les anarchistes sont les premiers à faire apparaître cette contradiction. Ce sont les premiers, en effet, à vouloir profiter de la révolution pour « vivre comme la vie doit être vécue, dès maintenant », selon l'expression du Négus (chapitre IV de la deuxième séquence d'*Exercice de l'Apocalypse*, p. 236), les premiers à refuser les compromis et les lenteurs de toutes sortes qui seraient, selon les communistes notamment, nécessaires à la construction de la société socialiste. La seule façon dont les anarchistes envisagent d'entrer dans le temps de l'histoire, de travailler pour leurs semblables, leurs enfants, ou leurs successeurs, c'est **l'exemplarité**. L'action exemplaire, celle de Puig fonçant sur les batteries fascistes, par exemple, donne à celui qui la vit la joie profonde d'être pleinement lui-même sans pour autant sombrer dans un individualisme négateur de toute fraternité, de toute universalité humaine. La tragédie de l'anarchisme réside en ce que l'action exemplaire est nécessairement aussi spectaculaire, et que toute la force d'entraînement de l'exemplarité risque de se perdre lorsqu'on peut se satisfaire de l'émotion sans conséquence procurée par le spectacle. Dans l'épisode de la prise de la caserne de la Montaña, à Madrid, l'action spectaculaire des miliciens lançant leur bélier contre la porte était restée exemplaire : une fraternité active remplaçait immédiatement les morts ou les blessés par d'autres volontaires. À Tolède, en revanche, l'enthousiasme est déjà retombé, et les miliciens anarchistes en sont, comme l'explique Hernandez à Garcia, à *jouer* à la guerre, à se donner en spectacle sans plus chercher ni l'exemplarité, ni l'efficacité. La débandade honteuse de ces milices aux noms de comédie signe l'échec de l'exemplarité anarchiste : avec la possibilité de se donner en spectacle disparaît la possibilité d'espérer. L'épisode des bombardements de Madrid marque une dernière étape dans cette marche vers le désespoir : les madrilènes, sous les bombes, ont perdu toute possibilité d'action immédiate ; le spectacle, dans cette situation tragique, ne relève plus de l'initiative des hommes, c'est le destin qui s'en charge, en transformant la vie en un effarement de tous les instants. Dans cette situation, l'admiration devant des actions héroïques et exemplaires a été remplacée par son parfait contraire : l'épouvante devant le spectacle atroce d'une humanité broyée par des forces hostiles qui prennent l'allure d'un destin frappant au hasard.

C'est lorsque tout espoir de spectacle a disparu que « l'âge du fondamental recommence », et ce pourrait bien être l'âge de ceux qui n'ont jamais cru à la force d'entraînement du spectacle : les paysans, mais aussi les communistes, qui n'ont jamais conçu l'inscription de leur action dans l'histoire sur le mode de l'exemplarité, parce qu'ils ont une philosophie de l'histoire, alors que les anarchistes n'avaient qu'une éthique de l'individu. Aux barricades de fantaisie de Tolède s'opposent (au chapitre VI d'*Être et faire*) les barricades qu'élèvent méthodiquement, sous direction communiste, des madrilènes transformés en ombres furtives par une nuit qui interdit *a priori* toute volonté de spectacle.

C'est alors aussi que resurgit le problème du journalisme. Shade, nous l'avons vu, est écœuré d'avoir à chercher du tragique et du pittoresque dans Madrid bombardée. Cela revient à donner en pâture à des lecteurs évidemment étrangers à toute fraternité de situation, des émotions dépourvues de toute puissance d'entraînement, réduites à de purs effets de « spectacle ». Le romancier, de son côté, peut-il échapper à cette critique, qui paraît viser toute écriture du désastre et du désespoir ? Il le fait ici en montrant que son vrai sujet n'est pas la souffrance des hommes offerte en spectacle, mais la forme qu'ils donnent à leur affrontement avec le destin. L'écriture journalistique ignore aussi bien la grandeur de l'homme que son désespoir ; travaillant dans la contingence événementielle, elle ne saisit que des spectacles aléatoires, elle ne produit que des émotions incohérentes, elle flatte le goût pour le spectaculaire au détriment de la volonté d'exister. L'écriture romanesque affirme dans ce roman sa puissance propre en ne cessant de se définir contre cette écriture journalistique. Partant du souci de donner sens et forme à la présence de l'homme dans le chaos de l'univers, elle s'efforce d'ordonner tout ce qu'elle saisit dans une tension entre exaltation et épouvante.

Tableau synoptique du roman

PREMIÈRE PARTIE
« L'illusion lyrique »

I. *L'illusion lyrique* (pp. 9 à 140)

Madrid	Merida – Medellin	Sierra au nord de Madrid	Barcelone
CHAP. I (18/19 juillet) *Gare. Rues* Point de la situation (Ramos, Manuel) Le peuple s'arme			CHAP. II (19 juillet) *Rues.Hôtel Colon* Combats (le Négus / Puig / Ximénès) Discussion Puig-Ximénès
CHAP. III (20 juillet) *La Montagne* Prise de la caserne (Jaime Alvear) Informations générales			
CHAP. IV (21 juillet) *La Granja* Discussion Shade-Lopez			
CHAP. I (début d'août) *Champ d'aviation* Retour de l'avion "B" (Scali, Sembrano, etc.)		CHAP. II (avant le 14 août) Attaque des batteries fascistes (Manuel, Barca, Ramos)	
CHAP. III (avant le 14 août) *Champ d'aviation* L'épreuve des pilotes (Magnin, Schreiner, Karlitch, etc.)		CHAP. IV (avant le 14 août) *Un village* Arrestation, interrogatoire et exécution des gardes civils (Manuel)	
		CHAP. V (avant le 14 août) Discussion : l'armée espagnole, les signaux (Manuel, Ramos)	

Madrid	Merida – Medellin	Sierra au nord de Madrid	Barcelone
CHAP. I (août) *Hôpital San Carlos* Les blessés de la guerre (Manuel / Barca)	CHAP. II (le 14 août) Bombardement de la colonne (Scali / Sembrano / Magnin / Gardet, etc.)		
CHAP. II (le 14 août) *Champ d'aviation* Discussion technique (Magnin / Gardet) Hôpital (Magnin / House)			
CHAP. III (août) *Ministère de l'Air. Direction des opérations* Bilan du bombardement Informations générales Discussion (Garcia / Magnin, Vargas)			

PREMIÈRE PARTIE

« L'illusion lyrique »

II. *Exercice de l'Apocalypse*
(pp. 141 à 303)

Tolède (septembre 1936)	Entre Talavera et Tolède (septembre 1936)	Madrid (septembre 1936)
CHAP. I *Rues. Musée. Souterrain* Combats autour de l'Alcazar (Garcia / Hernandez / le Négus / Mercery)		CHAP. II *Direction des opérations* Scali rencontre Séruzier puis l'aviateur fasciste *Champ d'aviation* Magnin demande des volontaires pour Tolède
CHAP. III Bombardement de l'Alcazar (Marcelino)		
CHAP. IV *La Jefatura* Informations sur les assiégés (Lopez / les évadés)		CHAP. V *Champ d'aviation* Discussion (Magnin / Enrique, puis Magnin / Attignies) Retour de Marcelino tué ; Jaime Alvear est aveugle

Tolède (septembre 1936)	Entre Talavera et Tolède (septembre 1936)	Madrid (septembre 1936)
	CHAP. I Attaque des fermes (Ximénès / Manuel) Discussion : la responsabilité du chef militaire (Manuel / Alba) Discussion : l'Église ; parabole du Christ espagnol (Ximénès / les paysans / Manuel)	
CHAP. II *Zocodover* La médiation du prêtre (Shade / Lopez)		
CHAP. III *Zocodover* La trêve. Anarchistes et fascistes (Hernandez / Pradas / Golovkine / Shade + le Négus)		
CHAP. IV *Musée de Santa-Cruz* Discussion (les mêmes qu'au chap. III + Mercery / Garcia / le Négus / Manuel)		
CHAP. V *De la Jefatura au Musée* Discussion (Hernandez / Garcia)	CHAP. VI *Talavera* Bombardement de l'usine à gaz (Leclerc / Attignies)	
CHAP. VII *Rues de Tolède* Inspection de la ville (Manuel / Heinrich) Discussion : la prison ; l'héroïsme comme comédie (Moreno / Hernandez) *Devant Tolède* *Dynamiteros* contre tanks (Pepe / Gonzales) *Tolède. L'Alcazar* Ultime défense de Tolède (Manuel / Heinrich / Hernandez)		
CHAP. VIII *Rues de Tolède et arènes* Baroud d'honneur de Hernandez		
CHAP. IX *Prison de Tolède* Interrogatoire de Hernandez		
CHAP. X *Rues de Tolède* Exécution de Hernandez		

DEUXIÈME PARTIE

« Le Manzanares »

I. *Être et faire* (pp. 307 à 395)

Aranjuez	Alcala de Henares et raids aériens	Albacete	Madrid
CHAP. I (octobre 1936) Arrêt de la débandade des miliciens de Tolède (Manuel + Lopez)	CHAP. II (« Nuit du 6 nov. ») Raid sur Palma (Magnin / Pol / Gardet / Attignies)	CHAP. II (novembre 1936) Formation des Brigades internationales (Magnin)	
	CHAP. III (novembre 1936) Raid sur Gétafé. Échec et fuite de Leclerc.		
	CHAP. IV (novembre 1936) Réorganisation de l'escadrille (Leclerc / Scali / Magnin / Nadal)		
			CHAP. V (entre le 7 et le 10 novembre 1936) *Ministère de la Guerre* La « Cinquième colonne » (Scali / Garcia)
			CHAP. VI (entre le 7 et le 10 novembre 1936) *Les rues* Discussion : l'Église, la foi chrétienne (Guernico / Garcia)
			CHAP. VII (entre le 7 et le 10 novembre 1936) *Appartement d'Alvear* Entretien Scali-Alvear
			CHAP. VIII (entre le 7 et le 10 novembre 1936) *Ministère de la Guerre* Réunion de l'état-major de la *Junta* de défense de Madrid (Manuel)
			CHAP. IX (entre le 7 et le 10 novembre 1936) *Parc de l'Ouest* Combats (Siry / Kogan et Albert / Heinrich)

DEUXIÈME PARTIE

« Le Manzanares »

II. *Sang de gauche* (pp. 397 à 493)

Madrid (fin novembre – début décembre 1936)	Guadarrama (fin novembre – début décembre 1936)
CHAP. I (nuit) *Les rues* Organisation du secours aux blessés (Guernico)	
CHAP. II (même nuit) *Les rues* Contrôle du secours aux blessés (Ramos)	
CHAP. III (même nuit) *Cité universitaire ; les tranchées* On rampe pour porter secours aux blessés	
CHAP. IV (au matin) *Les rues* Shade prend des notes dans Madrid bombardée	CHAP. V La bataille ; les trahisons (Manuel) Pepe et les tanks. La victoire
CHAP. VI (dans la journée) *La Granja* Discussion sous les bombes (Moreno)	
CHAP. VII (même jour) *Les rues* Lopez sauve les œuvres d'art	
CHAP. VIII (même jour) *Central téléphonique* Garcia reçoit les journalistes (dont Shade)	
CHAP. IX (même jour) *Même endroit* Conversation sur Unamuno (Garcia / Neubourg)	
CHAP. X (le soir) *Même endroit* Shade dicte son article. Spectacle de l'incendie	CHAP. XI Manuel, chef de guerre, et les suppliants
CHAP. XII (nuit suivante) *Les rues* Discussion : les intellectuels dans la guerre (Garcia / Scali)	
CHAP. XIII (même nuit) *Les rues* Le mitraillage des pompiers (Mercery)	CHAP. XIV Manuel et son état-major : point de la situation ; nouvelles des avions russes.
	CHAP. XV Manuel et son régiment : défilé
	CHAP. XVI Manuel rencontre Ximénès, puis Heinrich
CHAP. XVII (2 décembre) *Cité universitaire* Combats dans les maisons (Maringaud et autres) Mort(?) du Négus dans une contre-mine (le Négus / Gonzales)	

TROISIÈME PARTIE

« L'espoir »

L'espoir (pp. 495 à 593)

Valence – La Señera Raids sur Malaga et au nord d'Albarracin	Guadalajara – Brihuega
CHAP. I (8 février 1937) *Valence. Ministère de l'Air* Entretien Magnin / Vargas *Valence* La fête des enfants (Scali / Karlitch / Jaime Alvear) *Malaga* L'avion échoué ; les aviateurs blessés (Sembrano / Attignies / Pol / etc.)	CHAP. II (11, 12, 13, 14 mars 1937) La bataille Prise du palais Ibarra (Maringaud / les Garibaldiens / les Franco-Belges)
CHAP. III lendemain soir (15 mars 1937) *La Señera. Nord d'Albarracin* Le paysan dans l'avion (Magnin) *Linares. Valdelinares* Les aviateurs dans la montagne	CHAP. IV (18 mars) La bataille terrestre (Manuel / Siry / etc.) La bataille vue d'avion (Magnin)
	CHAP. V (même jour) *Brihuega* Discussions : Manuel Ximénès, puis les mêmes avec Magnin et Garcia
	CHAP. VI (même jour) *Brihuega* Manuel seul

Lexique

VOCABULAIRE DE L'ŒUVRE

Anarcho-syndicalisme : en Espagne, contrairement à ce qui se passe dans les autres pays d'Europe, les partisans de Bakounine, « libertaires » (anarchistes), l'emportèrent, au sein de la Iʳᵉ Internationale, sur ceux de Marx. De grandes organisations ouvrières et paysannes, des syndicats, adoptèrent très tôt les idées anarchistes, parmi lesquelles le refus de faire passer les revendications par le relais d'un parti politique ; d'où le nom d'« anarcho-syndicalisme » donné à cette tendance.

Apocalypse : appliqué à la fraternité, dans *L'Espoir*, ce terme a son sens étymologique de « dévoilement », « révélation » ; mais, par référence à l'Apocalypse de la Bible (la fin du monde), il indique aussi que le peuple espagnol a le sentiment d'être arrivé non pas seulement à la fin d'une période historique, mais bien d'un monde tout entier, qui disparaît pour laisser place à un monde nouveau, à une histoire nouvelle.

Asaltos **:** en 1931, le premier gouvernement républicain élu en Espagne (dirigé par Azaña) décida, sans supprimer la *Guardia Civil*, de créer un nouveau corps de gendarmerie, la garde d'assaut (les *asaltos*) qu'on essaya de recruter parmi les hommes favorables à la République. Leur fidélité au gouvernement républicain, pendant la guerre civile, fut cependant loin d'être unanime.

Asturies (révolte des) : une grève générale, lancée en 1934, ne fut effective que dans la région minière des Asturies, où elle prit une tournure très violente ; voir aussi « UHP ».

Azaña : républicain de gauche, il fut président du Conseil après la victoire électorale du Front populaire, puis président de la République (à partir du 10 mai 1936). Il fut alors remplacé à la présidence du Conseil par Casarès Quiroga, puis Giral (qui prit la décision de faire distribuer les armes), auquel succéda Largo Caballero.

107

Central (le) : immeuble du central téléphonique de Madrid ; le téléphone avait été installé en Espagne par une compagnie américaine et fonctionna pendant toute la guerre, même entre les deux camps.

CNT : *Confederacion Nacional del Trabajo* ; née en 1910, cette organisation syndicale révolutionnaire fut à l'origine de nombreuses grèves, surtout en Catalogne. En 1919, elle comptait trois cent mille adhérents selon certains historiens (plus du double, selon d'autres).

Companys : président de la généralité (province) de Catalogne en 1936. En octobre 1934, les Catalans, sous l'impulsion des autonomistes alliés à la CNT et à l'Union des rabassaires étaient entrés en rébellion ouverte contre Madrid ; ce fut un échec, reconnu par Companys dans une déclaration publique. Il y est fait allusion au début de *L'Espoir* (chap. III de « L'illusion lyrique ») lorsque le général nationaliste Goded, vaincu à Barcelone, calque sa déclaration sur celle de Companys.

FAI : formée en 1927, la *Federacion Anarquista Iberica* regroupa quelque temps les extrémistes de la CNT, autour d'un idéal anarchiste teinté de mysticisme. En 1936, la FAI semble ne plus faire qu'un avec la CNT (comme en témoignent les initiales, alors toujours accolées, de CNT-FAI).

Guardia Civil : force de gendarmerie soigneusement tenue à l'écart de la population et si détestée pour la brutalité de ses actions de répression qu'elle ne pouvait envisager de se ranger aux côtés des républicains. Le cas du colonel de la *Guardia Civil* de Barcelone (dans la réalité, le colonel Escobar) fut une exception : Malraux lui donne toute son importance à travers le personnage de Ximénès.

Jacquerie : ce terme désigne une révolte paysanne contre les abus des seigneurs ou des grands propriétaires. L'histoire de tous les pays d'Europe est jalonnée d'innombrables jacqueries. En Espagne, la victoire du Front populaire aux élections de 1936 donna le signal d'une jacquerie généralisée, que les organisations politiques et syndicales tentèrent de transformer en véritable révolution agraire (redistribution ou collectivisation des terres).

Maures : soldats recrutés par Franco au Maroc espagnol (colonisé au début du siècle) et constituant des régiments d'élite (les *Tabors*). Leur utilisation massive par Franco dans sa conquête de l'Espagne a souvent été dénoncée par les républicains, comme elle l'est dans *L'Espoir*. Les franquistes, en effet, se voulaient fidèles à l'idéal nationaliste et religieux de l'Espagne catholique qui avait été, jusqu'au XVe siècle, le front du monde chrétien face à l'Islam (représenté par le royaume de Grenade), et au nom duquel, au début du XVIIe siècle, la sinistre Inquisition expulsait les communautés juives et musulmanes de la péninsule ibérique.

Nationalités : des disparités socioéconomiques considérables et des traditions historiques diverses ont longtemps opposé entre elles et au pouvoir central de Madrid (également capitale de la Castille), les nombreuses nationalités qui composent l'Espagne. Les franquistes étant favorables au renforcement de l'unité nationale, les autonomistes (les Catalans et les Basques, notamment) furent plutôt du côté républicain. Dans *L'Espoir*, on trouve des allusions à Companys, aux prêtres basques, mais aussi aux paysans navarrais monarchistes (carlistes) qui se rallient massivement à la rébellion au cri de « Vive le Christ-Roi ! »

Phalange : seul mouvement politique à se réclamer du fascisme (sur le modèle mussolinien), la Phalange fut d'abord dirigée par José-Antonio Primo de Rivera, qui jouissait d'une réelle popularité. Son mot d'ordre était : « Ni capitalisme, ni socialisme ». Peu soutenue par la droite institutionnelle (grands propriétaires, catholiques, monarchistes), elle ne compte, au début de 1936, que quelques milliers d'adhérents, mais, comme le Parti communiste à gauche, elle profitera de la guerre civile pour accroître considérablement son influence.

POUM : « Parti ouvrier d'unification marxiste », fondé en 1934 par quelques anarchistes alliés à des dissidents trotskistes du Parti communiste espagnol. Il entrera en lutte ouverte avec les communistes, à Barcelone, en mai 1937, et sera férocement persécuté. Il n'a aucun rôle dans *L'Espoir*.

Pronunciamiento : dans les décennies précédentes, les chefs militaires s'étaient souvent « prononcés » en faisant une démonstration de force dans les rues pour imposer une décision quelconque au gouvernement ; le *pronunciamiento* de juillet 1936 échoua, et fut le premier à dégénérer en guerre civile. En définissant l'armée espagnole comme une « armée de *pronunciamiento* », au début du roman, Garcia veut dire qu'elle a été équipée et entraînée pour la répression policière plutôt que pour la guerre.

Rabassaires : en Catalogne, vignerons chassés des terres qu'ils louaient lorsque les deux tiers des ceps étaient morts ; leur situation devint catastrophique lorsque le phylloxera ravagea les vignes (dès la fin du XIXᵉ siècle). Farouches partisans de la petite propriété individuelle, ils s'opposèrent, dans l'été 1936, aux anarchistes collectivistes de la CNT, et bénéficièrent du soutien du PSUC (le Parti communiste catalan).

UGT : *Union General de Trabaradojes.* Fondée en 1888, c'est une organisation syndicale réformiste, de tendance socialiste ; très faible au départ, elle gagnera peu à peu de l'influence et des adhérents (deux cent mille en 1918), aux dépens des anarchistes. Forte d'un million d'adhérents en 1936, elle est la rivale de la CNT, aussi bien parmi les ouvriers que chez les paysans. Au sein de l'UGT comme au sein du Parti socialiste s'affrontent les modérés (représentés par Indalecio Prieto, ministre de l'Air au moment où commence la guerre civile) et les révolutionnaires, représentés par Largo Caballero, secrétaire général de l'UGT en 1936, puis président du Conseil (jusqu'en 1937).

UHP : Les ouvriers socialistes firent front commun avec la CNT lors de la fameuse révolte des Asturies de 1934. Le sigle « UHP » (Union des frères prolétariens) fut le signe de ralliement de ce mouvement, qui préfigurait assez bien l'« Apocalypse de la fraternité » telle que Malraux l'a vue en 1936.

Quelques citations

(Nous indiquons, pour chaque citation, le titre de la partie du roman dont elle est extraite, ainsi que le nom du personnage qui en est l'auteur, chaque fois que ce personnage peut être distingué du narrateur.)

« L'héroïsme qui n'est que l'imitation de l'héroïsme ne mène à rien » (*L'Illusion lyrique*, I ; Puig).

« Pour Ximénès comme pour Puig, le courage aussi était une patrie » (*ibid.*, Ximénès).

« – Et le Christ ? / – C'est un anarchiste qui a réussi. C'est le seul » (*ibid.*, Puig répond à Ximénès).

« Je hais un homme qui veut me pardonner ce que j'ai fait de mieux » (*ibid.*, Puig).

« L'art n'est pas un problème de sujets » (*ibid.*, Lopez).

« Y a-t-il un style des révolutions ? » (*L'Illusion lyrique*, II ; le narrateur.)

« Manuel prenait conscience que, la guerre, c'est faire l'impossible pour que des morceaux de fer entrent dans la chair vivante » (*L'Illusion lyrique*, III ; Manuel).

« Un homme actif et pessimiste à la fois, c'est ou ce sera un fasciste, sauf s'il y a une fidélité derrière lui » (*Exercice de l'Apocalypse*, II ; Manuel).

« Être aimé sans séduire est un des beaux destins de l'homme » (*ibid.*, Manuel méditant des paroles de Ximénès).

« Le repentir, y a pas mieux dans l'homme » (*ibid.*, Gustavo, paysan reprochant aux curés d'être des « voleurs de pardon »).

« Les hommes auront vécu un jour avec leur cœur » (*ibid.*, Le Négus).

« La révolution, c'est les vacances de la vie... » (*ibid.*, Shade).

« Quand on veut que la révolution soit une façon de vivre pour elle-même, elle devient presque toujours une façon de mourir. Dans ce cas-là, mon bon ami, on finit par s'arranger aussi bien du martyre que de la victoire » (*ibid.*, Garcia au Négus).

« Il y a pas mal de théâtre au début de toute révolution » (*ibid.*, Garcia).

« Le courage est un problème d'organisation » (*ibid.*, Manuel reprenant une idée de Ximénès).

« Le contraire de l'humiliation, mon gars, c'est pas l'égalité, c'est la fraternité » (*ibid.*, Barca, cité par Manuel, pour lui-même).

« À quoi sert la révolution si elle ne doit pas rendre les hommes meilleurs ? » (*Ibid.*, Hernandez à Garcia.)

« Les hommes ne meurent que pour ce qui n'existe pas » (*ibid.*, Hernandez).

« Il n'y a pas de héros sans auditoire » (*ibid.*, Moreno).

« L'homme n'a pas l'habitude de mourir » (*ibid.*, Moreno).

« La tragédie de la mort est en ceci qu'elle transforme la vie en destin, qu'à partir d'elle rien ne peut plus être compensé » (*ibid.*, Hernandez rapportant le discours de Moreno).

« L'histoire est peu de chose en face de la chair vivante – encore vivante… » (*ibid.*, Hernandez).

« Il y a un romancier dans chaque imbécile » (*Être et faire*, Nadal).

« Il faut que le sacerdoce redevienne difficile… » (*ibid.*, Guernico).

« Ni les romanciers ni les moralistes n'ont de son, cette nuit […] : les gens de la vie ne valent rien pour la mort. La sagesse est plus vulnérable que la beauté ; car la sagesse est un art impur. Mais la poésie et la musique valent pour la vie et la mort » (*ibid.*, le vieil Alvear à Scali).

« L'art est peu de chose en face de la douleur, et, malheureusement, aucun tableau ne tient en face de taches de sang » (*ibid.*, Scali).

« Les hommes unis à la fois par l'espoir et par l'action accèdent, comme les hommes unis par l'amour, à des domaines auxquels ils n'accéderaient pas seuls » (*ibid.*, Scali).

« L'âge du fondamental recommence [...]. La raison doit être *fondée à nouveau* » (*ibid.*, le vieil Alvear à Scali).

« – Eh ! que la terre soit fasciste et qu'il [*Jaime, le fils du vieil Alvear*] ne soit pas aveugle... » (*ibid.*, le vieil Alvear).

« Ce ne sont pas les dieux qui ont fait la musique [...], c'est la musique qui a fait les dieux » (*ibid.*, le vieil Alvear à Scali).

« Toute action est manichéenne » (*Sang de gauche*, Garcia à Scali).

« [...] qu'est-ce qu'un homme peut faire de mieux de sa vie, selon vous ? [...] – Transformer en conscience une expérience aussi large que possible, mon bon ami » (*ibid.*, Garcia répond à Scali).

« Aucun État, aucune structure sociale ne crée la noblesse de caractère, ni la qualité de l'esprit ; tout au plus pouvons-nous attendre des conditions propices. Et c'est beaucoup... » (*ibid.*, Garcia à Scali).

« Il faut toujours rencontrer le monde en soi-même, qu'on le veuille ou non... » (*ibid.*, Ximénès à Manuel).

« Le combat fait partie de la comédie que presque tout homme se joue à soi-même, et il engage l'homme dans la guerre comme presque toutes nos comédies nous engagent dans la vie » (*L'Espoir*, Garcia).

« Le principal ennemi de l'homme, messieurs, c'est la forêt. Elle est plus forte que nous, plus forte que la République, plus forte que la révolution, plus forte que la guerre... » (*ibid.*, un vieux guide farfelu).

Jugements critiques

« [*L'Espoir* a] la précision d'un compte rendu et la splendeur d'une geste épique. [...] *L'Espoir* n'est pas un documentaire, mais une œuvre puissante, composée selon les rythmes du terrible duel. »
René Lalou, *Les Nouvelles littéraires*, 1er janvier 1938.

« Pour tous les personnages, la République n'a rien à voir avec l'"économique", avec la production ou la distribution des richesses. C'est exclusivement une question d'honneur. [...] Il ne s'agit pas d'organiser le monde et le bonheur. Il s'agit d'être nobles ou de périr. »
Louis Gillet, *Les Nouvelles littéraires*, 8 janvier 1938.

« Je ne connais pas, en réalité, de pamphlet plus dur contre la cause de la Révolution. »
Robert Brasillach, *L'Action Française*, janvier 1938.

« *L'attention* chez Malraux. C'est une règle que la beauté de l'art descriptif provient en grande partie de la précision, c'est-à-dire de l'attention. [...] L'absence de littérature. En cela fait songer souvent à Tolstoï [...]. Répugnance pour la phraséologie : presque pas de proclamations de foi [...]. Pas d'ironie. / Rien de local : l'Espagne, un accident. [...] »
Henry de Montherlant, *Carnets*,
1930-1944 [année 1938], Gallimard, 1957.

« Vous voici revenu bien près de ces chrétiens et de ces anarchistes qui ont, dites-vous, le goût du martyre plus que de la victoire. En tout cas, si vous voulez la victoire pour ceux dont vous épousez la cause, vous n'en ignorez pas le prix. »
Jean Grenier, *Lettre à André Malraux*, 1938.

« *L'Espoir* apparaît [...] comme un univers qu'on pourrait qualifier de post-épique dans la mesure où l'individu, au lieu de se réaliser dans la communauté et de constituer avec elle une unité organique, se trouve nié dans sa spontanéité et sa plénitude par la discipline et l'organisation. Au fond, Malraux est passé, avec ces deux récits [*Le Temps du mépris* (1935) et *L'Espoir* (1937)] dont l'univers est centré sur la réconciliation entre l'individu et la collectivité, du stade antérieur de cette réconciliation à celui où il a fait de la technocratie politique et militaire le véritable sujet de l'histoire. »

Lucien Goldmann, *Pour une sociologie du roman*, Gallimard, 1964.

« La structure spatiale éclatée de *L'Espoir* renvoie à une structure temporelle brisée. Il s'agit de célébrer l'instant qui fixe le haut fait mémorable, l'exploit difficile et rare vu dans son éclat et son intensité, non dans sa genèse ou son devenir. On nous invite moins à comprendre qu'à admirer ; ainsi se compose, comme une mosaïque, la geste de la guerre d'Espagne et plus largement la geste guerrière de notre siècle [...]. »

Maurice Rieuneau, « André Malraux, l'épopée et le mythe », *Travaux de linguistique et de littérature*, Strasbourg, 1979.

« Un survol rapide du système des personnages nous révèle, d'une part, que tous ceux qui incarnent l'Apocalypse sont valorisés (Puig, Hernandez, Le Négus, Guernico et Alvear), et, d'autre part, que ceux qui incarnent l'Organisation (Ximénès, Garcia, Vargas, Scali, Magnin et Manuel notamment) sont tous intelligents, ouverts, non sectaires et de plus en plus convaincus de l'ambiguïté de leur position au fur et à mesure que la guerre avance. [...] Relire *L'Espoir*, après avoir lu *L'Homme précaire et la littérature* est révélateur : nous entrons déjà avec *L'Espoir* dans le monde de l'aléatoire, c'est-à-dire un monde où rien n'a de sens puisque sa définition est l'impossibilité même d'un sens. »

Jean Carduner, « *L'Espoir* ou la fin de l'imaginaire de roman », *Revue d'histoire littéraire de la France*, mars-avril 1981.

« L'exaltation de l'idée et de la réalité révolutionnaires dans *L'Espoir* ne doit pas faire illusion. [...] Aventure et révolution deviennent celles, non plus d'un individu ou d'un groupe, mais de l'Homme, c'est-à-dire de l'humanité entière. Une universalisation radicale de l'histoire se fait jour à partir de l'enracinement d'une vérité qui s'impose à tous et dont témoignent par exemple, dans *L'Espoir*, les thèmes de l'arbre et de la musique. »

Michel Autrand, Introduction au tome II
des *Œuvres complètes* d'André Malraux,
Gallimard, « La Pléiade », 1996.

Index thématique

Plans et sujets de travaux

COMMENTAIRE COMPOSÉ
Manuel et les suppliants

Sang de gauche, chapitre XI, pp. 457-458, depuis : « Au moment où il passait... », jusqu'à : « ...comme s'il eût pleuré de tout son visage ».

Introduction

La tonalité d'ensemble de *Sang de gauche* serait tragique s'il n'y avait pas l'espoir représenté par le succès de Manuel à Guadarrama (et, plus généralement, sa réussite en tant que chef de guerre). Les succès de Manuel s'accompagnent cependant de contraintes et de sacrifices qui réintroduisent le tragique au sein même de l'espoir. Le chapitre XI, où deux déserteurs condamnés à mort demandent leur grâce à Manuel, est un de ces moments, brefs mais d'une exceptionnelle intensité dramatique, où cette tragédie s'impose à la conscience de Manuel. Ce moment est traité sous la forme d'une scène. Nous nous interrogerons donc d'abord sur les rapports entre cette scène et le récit qui la porte et la traverse. L'une de ses caractéristiques les plus notables est qu'elle est une confrontation entre personnages qui reste presque muette : seuls parlent les condamnés ; il n'y a pas de dialogue en paroles. Pourtant, la scène se termine sur des prises de conscience profondes, de part et d'autre. Nous devrons donc nous interroger sur tout ce qui, dans ce passage, relève de la communication gestuelle, non verbale. Enfin, nous nous pencherons sur le problème éthique et politique qui est posé par cette scène, et qui est la principale source de son tragique.

1. Scène et récit

La scène dans le roman

L'effet de cette scène et sa signification tiennent à l'art du « montage » qui entrecroise, dans *Sang de gauche*, les scènes du bombardement de Madrid et celles qui sont consacrées à Manuel devenu chef de guerre (cf. tableau synoptique). Soigneusement isolée, elle se termine sur un silence très lourd, qui crée une attente chez le lecteur : sa signification paraît si grave qu'elle exige une longue maturation avant de pouvoir devenir explicite.

L'art de la mise en scène

Les personnages apparaissent dans deux situations seulement : les condamnés saisissent Manuel aux genoux ; l'un d'eux se renverse en arrière pour voir le visage de Manuel, et Manuel découvre le sien. Des indications de décor (la nuit, la pluie, la boue, la lumière des torches) accompagnent cette évolution, sans évoluer elles-mêmes mais stylisant et dramatisant les gestes d'une manière proprement expressionniste. Les imparfaits et d'autres indications temporelles viennent souligner la lenteur de cette scène, la fixité de chacun des deux « tableaux » : c'est une de ces scènes où l'on peut avoir l'impression que la durée du récit veut mimer celle de l'Histoire. Le point de vue reste strictement celui de Manuel (monologue intérieur au style indirect libre), les deux autres personnages étant rejetés dans l'extériorité : cela favorise l'identification du lecteur avec le personnage de Manuel ; il est mis en position d'être compris, non d'être jugé.

2. La communication gestuelle

Le langage utilisé

Les rares paroles prononcées – « Nous sommes des volontaires ! Faut leur dire ! – » paraissent avoir valeur de plaidoyer, mais ce n'est qu'une apparence : le conseil de guerre et Manuel ont jugé en connaissance de cause. Il n'y a plus d'argumentation possible, c'est proprement la grâce de Manuel qui est implorée. Le langage prend donc essentiellement trois formes différentes : les gestes, le regard et la voix.

Le travail d'interprétation

Les condamnés retrouvent spontanément les gestes rituels de la supplication antique : humiliation de soi, divinisation de celui dont on implore la grâce. La frénésie de leur désespoir montre bien, cependant, qu'il n'y a rien de conventionnel dans leur comportement. Le regard, ou plutôt le visage tout entier est ce qui est le plus immédiatement expressif : Manuel y lit l'expression de « celui qui paie toujours », mais il a aussi quelque chose de fascinant, qui ne peut être traduit en paroles. La voix, enfin – cris haletants et silences – est plus importante que les mots prononcés ; elle représente, aux portes de la mort, l'être même, en-deçà de toute médiation par les signes.

Dans le texte lui-même (et non chez le lecteur) une distinction semble s'opérer entre ce qui ne mérite pas d'être interprété (les gestes rituels de la supplication), ce qui est traduit très clairement par Manuel mais selon un code qui demeure implicite (à quoi reconnaît-on le visage de « ceux qui paient toujours » ?), et ce dont l'interprétation – pourtant indispensable – suscite une telle angoisse qu'elle en devient indicible (la paralysie et le mutisme de Manuel devant « le regard fou de l'autre qui haletait »).

3. Éthique et politique

L'interprétation politique

Manuel incarne ici toute la rigueur de la discipline militaire que les communistes estiment nécessaire à la victoire. Il est clair qu'une armée respectant ces principes ne peut guère être une armée de volontaires ; elle est plutôt une armée d'État, ou de parti, fondée sur la contrainte aveugle. Il a pourtant été rappelé, au début du chapitre, que « contre les fuyards, les vrais anarchistes avaient été les plus fermes ; tout prolétaire est responsable [...]. » Les « vrais anarchistes » seraient donc ceux qui, en bons stoïciens, savent mettre leur volonté personnelle en accord avec celle de l'institution qui a pris en charge leur destin...

La conscience de Manuel

Manuel est ici appelé à la pitié, mais il est aussi rappelé à la fraternité. Sa divinisation par les suppliants le réduit d'abord à son rôle institutionnel de chef de guerre, qui exclut la fraternité ; mais dans le deuxième temps de la scène, lorsque les regards se rencontrent, c'est bien la fraternité qui se trouve mise en cause et c'est alors que surgit en Manuel la conscience d'un échec tragique. La fraternité qu'il sacrifie aujourd'hui à l'avènement indéfiniment retardé de la « société sans classes » sera-t-elle un jour « rattrapée », et comment ?

« La tragédie, aujourd'hui, c'est la politique. »

Reconnaître en ces suppliants le visage de « ceux qui paient toujours », c'est avoir l'intuition qu'il y a des fatalités contre lesquelles les révolutions ne pourront jamais rien, puisqu'elles produisent elles-mêmes le désespoir et la misère qu'elles prétendaient combattre. Ces suppliants couverts de poussière et de boue, éclairés dans la nuit par une lumière qui leur donne la pâleur des cadavres, semblent être venus incarner la malédiction qui pèse désormais sur l'action révolutionnaire.

Conclusion

Cette scène représente bien les grands traits de l'art romanesque de Malraux : art du montage, utilisation de la communication gestuelle, décor accompagnant les principaux moments de la scène pour servir de chambre d'écho aux paroles et aux gestes, expressionnisme des contrastes entre ombre et lumière, monologue intérieur au style indirect libre du personnage-foyer...

C'est une scène tragique par sa signification dans le roman comme par son atmosphère propre. Elle est, dans le récit, l'une des plus fortes manifestations de cette *mauvaise conscience* qu'on retrouve, à des degrés divers, au cœur de *l'espoir* de nombreux personnages (Garcia, Scali, Magnin...).

L'espoir, désormais, n'est pas que cette mauvaise conscience soit oubliée ou disparaisse comme par enchantement, mais au contraire qu'elle soit assez forte pour intégrer les exigences éthiques au sein de ce que certains conçoivent comme la marche inexorable de l'Histoire.

DISSERTATIONS

1. Statut et fonction du personnage de Garcia

Garcia, contrairement à la plupart des protagonistes du roman, n'a pas de répondant précis dans la réalité historique ; c'est donc un personnage construit par et pour le roman. On pourra s'interroger sur :

– Le portrait de Garcia dans le roman (c'est-à-dire tout ce qui appelle une lecture d'identification : portrait physique, psychologique, biographique...). Évolue-t-il ? Est-il cohérent ? convaincant ?

– La fonction du personnage dans la narration : est-il un artifice remplaçant le narrateur omniscient (et omniprésent) ? Sert-il à donner un semblant d'unité à un récit qui serait, sans lui, éclaté en scènes, épisodes et personnages multiples ?

– Garcia a-t-il une doctrine particulière ou une analyse particulière des événements qui serait une sorte de point d'équilibre entre les différentes doctrines (anarchiste, idéaliste, communiste...) et représenterait l'opinion de Malraux ? Garcia est-il le mythe représentant l'impossible conciliation entre des tendances en réalité si hostiles les unes aux autres qu'elles finiront par s'affronter directement ? Garcia est-il, *mutatis mutandis*, l'équivalent du « raisonneur « dans les pièces de Molière ?

2. En marge de l'essai de Gaëtan Picon, *Malraux par lui-même* (Le Seuil, 1953), André Malraux écrit : « Je crois que pour un grand nombre de romanciers et de tragiques, le personnage est suscité par le drame, et non le drame par le personnage ». Vous vous interrogerez sur l'application qui peut être faite de ce principe aux personnages de *L'Espoir*.

3. Michel Raimond, dans *Le Roman depuis la Révolution* (Armand Colin), cite ce jugement de Baudelaire sur *Les Misérables* : « Un poème plutôt qu'un roman, offrant dans une indéfinissable fusion, les riches éléments consacrés généralement à des œuvres spéciales (le sens lyrique, le sens épique, le sens philosophique). » Cette définition ne conviendrait-elle pas aussi à *L'Espoir* ?

SUJETS DE DOSSIERS OU D'EXPOSÉS

– L'art de la scène romanesque dans *L'Espoir*.
– Les dialogues philosophiques dans *L'Espoir*.
– L'espoir dans *L'Espoir*.
– La fraternité dans *L'Espoir*.
– Les paysans dans *L'Espoir*.
– Le ciel, la terre, l'eau et le feu dans *L'Espoir*.
– Le temps de la vie et le temps de l'Histoire dans *L'Espoir*.

Bibliographie essentielle

Éditions de l'œuvre de Malraux

André MALRAUX, *L'Espoir*, Gallimard, coll. « Folio », n° 20.

André MALRAUX, *L'Espoir*, présenté et annoté par François Trécourt, tome II des *Œuvres complètes* d'André Malraux, Gallimard, « Bibliothèque de La Pléiade », 1996 (Introduction par Michel Autrand) ; dans le même volume : *Les Noyers de l'Altenburg* et *Le Démon de l'absolu*.

André MALRAUX, *Œuvres complètes*, tome I (*Lunes en papier, Écrit pour une idole à trompe, La Tentation de l'Occident, Les Conquérants, Royaume farfelu, La Voie royale, La Condition humaine, Le Temps du mépris*), Gallimard, « Bibliothèque de La Pléiade », 1989 (Préface de Jean Grosjean, Introduction par Pierre Brunel).

Études

M. AUTRAND, Ch. MOATTI, W.G. LANGLOIS, J. CARDUNER, H. GODARD, Fr. TRÉCOURT, « André Malraux », *Revue d'histoire littéraire de la France*, mars-avril 1981, n° 2.

BIET, BRIGHELLI, RISPAIL, *André Malraux, la création d'un destin*, Gallimard, coll. « Découvertes », 1987.

Pierre BROUÉ et Émile TÉMIME, *La Révolution et la guerre d'Espagne*, Éditions de Minuit, 1961.

Jean CARDUNER, *La Création romanesque chez Malraux*, Nizet, 1968.

Philippe CARRARD, *Malraux ou le récit hybride. Essai sur les techniques narratives dans L'Espoir*, Minard, « Lettres Modernes », 1976.

Jean LACOUTURE, *Malraux, une vie dans le siècle*, Le Seuil, coll. « Points Histoire », n° 22, 1973-1976.

Jean-Claude LARRAT, *Malraux*, Nathan, coll. « Balises – Les Écrivains », 1992.

Clara M<small>ALRAUX</small>, *La Fin et le commencement*, Grasset, 1976.

Denis M<small>ARION</small>, *André Malraux*, Seghers, coll. « Cinéma d'aujourd'hui », 1970.

Christiane M<small>OATTI</small>, *Le Prédicateur et ses masques. Les personnages d'André Malraux*, Publications de la Sorbonne, 1987.

Gaëtan P<small>ICON</small>, *André Malraux par lui-même*, Le Seuil, coll. « Écrivains de toujours », 1953.

Hugh T<small>HOMAS</small>, *La Guerre d'Espagne*, Robert Laffont, 1962.

Robert S. T<small>HORNBERRY</small>, *André Malraux et l'Espagne*, Droz, Genève, 1977.

N° Projet 10038773 (III)-9 OSBV - 80° - D.L. janvier 1997
Imprimé en France par I.M.E. - 25110 Baume-les-Dames -N° imprimeur : 11237